RIGHTS OF DISCOVERY

Christopher Columbus's Final Appeal to King Fernando

DERECHOS DEL DESCUBRIMIENTO

Apelación Final de Cristóbal Colón al

Rey Fernando

Rights of Discovery

CHRISTOPHER COLUMBUS'S FINAL APPEAL TO KING FERNANDO

Facsimile, Transcription, Translation & Critical Edition of the John Carter Brown Library's Spanish Codex I

by HELEN NADER

Published by

CARVAJAL S.A., CALI, COLOMBIA

AND THE JOHN CARTER BROWN LIBRARY

PROVIDENCE, RHODE ISLAND

in Honor of the Quincentenary Year

1992

Derechos del Descubrimiento

APELACIÓN FINAL DE CRISTÓBAL COLÓN AL REY FERNANDO

Facsímil, Transcripción, Traducción & Edición Crítica del Códice Español 1 de la Biblioteca John Carter Brown

por HELEN NADER

Publicado por

CARVAJAL S.A., CALI, COLOMBIA

Y LA BIBLIOTECA JOHN CARTER BROWN

PROVIDENCE, RHODE ISLAND

en Honor al año del Quinto Centenario

1992

THE JOHN CARTER BROWN LIBRARY
IS AN INDEPENDENTLY FUNDED AND ADMINISTERED
CENTER FOR ADVANCED RESEARCH IN THE HUMANITIES AT
BROWN UNIVERSITY

LA BIBLIOTECA JOHN CARTER BROWN ES UN CENTRO DE LA UNIVERSIDAD
DE BROWN, FUNDADO Y ADMINISTRADO INDEPENDIENTEMENTE
PARA INVESTIGACIONES AVANZADAS EN HUMANIDADES

ISBN 0-916617-41-6

THE PUBLICATION OF THIS WORK
HAS BEEN OFFICIALLY ENDORSED BY THE SPAIN '92 FOUNDATION

LA PUBLICACIÓN DE ESTA OBRA HA SIDO RESPALDADA
OFICIALMENTE POR LA FUNDACIÓN SPAIN '92

CONTENTS / CONTENIDO

ILLUSTRATIONS / ILUSTRACIONES

The four engravings described below appeared in sequence in a work known familiarly as Theodor de Bry's *America*, Pt. 4, Latin, published in Frankfurt in 1594. More specifically, this was De Bry's illustrated edition of Girolamo Benzoni, *La historia del Mondo Nuovo . . . la qual tratta dell' isole, & mari nuovamente ritrovati, et delle nuove città da lui proprio vedute . . .* originally published in Venice in 1565, and in Latin in Geneva in 1578. The sources of these images are varied, but enchanting though they may be as story book illustrations, none has any claim to historical accuracy.

Los cuatro grabados descritos a continuación aparecieron en secuencia en una obra conocida familiarmente como *La América* de Theodor De Bry, publicada en Frankfurt en 1594. Esta fue la edición ilustrada por De Bry de la obra de Girolamo Benzoni, *La historia del Mondo Nuovo . . . la qual tratta dell' isole, & mari nuovamente ritrovati, et delle nuove città da lui proprio vedute . . .* originalmente publicada en Venecia en 1565, y en latín en Ginebra en 1579. Las fuentes de estas imágenes son variadas pero, aunque tan encantadoras como las ilustraciones de un libro de cuentos, ninguna pretende ser precisa históricamente.

PRESENTACIÓN

EN ESTE año de celebración del V Centenario del Descubrimiento, queremos rendirle homenaje a don Cristóbal Colón, Almirante de la Mar Océana, Virrey y Gobernador General de las Islas y Tierra Firme, con la publicación facsimilar de esta síntesis contemporánea de reclamaciones de derechos y privilegios que serían base de gloria y sufrimiento para él y sus descendientes.

La biblioteca John Carter Brown de la Universidad de Brown, que reune una de las más importante colecciones existente de libros antiguos sobre América colonial, ha accedido gentilmente a hacer esta publicación conjunta bilingüe con Carvajal S.A., que honra a la Empresa.

Con este libro que tiene carácter institucional y llega a clientes y amigos con nuestro saludo de Navidad y Año Nuevo, cerramos el ciclo de ediciones facsimilares realizadas con motivo de la celebración del Quinto Centenario, en el cual durante siete años se publicaron obras básicas de la historia de la conquista española en América.

La construcción de un mundo que tuvo en estos viejos pergaminos que hoy entregamos su partida bautismal.

CARVAJAL S.A.

FOREWORD

IN THIS quincentenary year, we want to render homage to Christopher Columbus, Admiral of the Ocean Sea, Viceroy and Governor of the Islands and the Mainland, with the facsimile publication of this contemporary synthesis of Columbus's claims to rights and privileges, which in the years to come were the basis of both glory and misery for him and his descendants.

The John Carter Brown Library at Brown University, which holds one of the world's great collections of books about the Americas from the colonial period, kindly agreed to join with Carvajal S.A. to publish this 1504 Columbus document in a bilingual edition. Carvajal is honored to be in this partnership.

With this book, which is an institutional publication and is sent to our customers and friends with our Christmas and New Year greetings, we bring to a close the cycle of facsimile editions we first began to publish seven years ago. This series of books, intended to commemorate the Fifth Centenary of the European discovery of America, has focused on basic works pertaining to the history of the Spanish conquest of what, for the conquerers, was a New World. Today we are delivering the birth certificate of that New World.

CARVAJAL S.A.

PREFACE

FOR STUDENTS of the life of Christopher Columbus, it has always been a matter of fascination that four months before departing on his great voyage of discovery, he took care to draw up with Fernando and Isabel a detailed contract concerning the rewards that would be his if he succeeded. So extravagant were the rewards in money and privilege conferred by these famous Capitulations of April 17, 1492, that interpreters of the event have for centuries speculated, perhaps wildly, that Columbus already *knew* roughly what he would find, and hence was careful to claim the maximum while the other parties to the negotiation were still in ignorance.

In Otto Schoenrich's *The Legacy of Christopher Columbus*, 2 vols. (Glendale, Calif.: The Arthur H. Clark Company, 1949–1950), the masterwork in English on the Capitulations and the complex history of the controversy and litigation they caused, Schoenrich comments aptly: "It is a truism that no contract may be too favorable for one side or the other, for in that case it is certain to be evaded or broken." The Capitulations promised so much wealth and power to Columbus and his heirs that as the full extent of his "discoveries" became known, it was inevitable that the Spanish crown would try to renege.

The history of the suits relating to Columbus's rights of discovery may be conveniently divided into three general parts: Columbus's own pleas to the crown during his lifetime; those made to the crown by his son Diego and other heirs following Columbus's death in 1506; the litigation among Columbus's various descendants after a rich settlement from the crown was finally made in 1536. The document printed here in facsimile, which was acquired by the John Carter Brown Library in 1890, pertains to the first period, when the wrangling with the crown was still being conducted by Columbus himself. Although the document is not in Columbus's hand, it was undoubtedly dictated by him and is one of the very few items even close to an actual Columbus manuscript to be found in the United States.

That the John Carter Brown Library is able to publish this prized possession in facsimile now during the Quincentenary year is a matter of great satisfaction to us, and all the more so because of the serendipitous and pleasant circumstances that have made the publication possible. The history of this project begins with Professor Margarita Garrido de Payán of the University of Valle in Cali, Colombia. Professor Garrido, of the history department at Valle, came to the JCB as a Research Fellow during the academic year 1989–90 under the aegis of a grant to the Library from the Tinker Foundation in New York. As it happened, Professor Garrido's husband, Carlos Payán, is employed by Carvajal S.A., a great South American printing company. During the year that Margarita and Carlos spent in Providence, we learned that Carvajal had been issuing an annual series of historical facsimiles and was looking for a timely such work to publish for 1992. The rest of this story is obvious: the decision by Carvajal S.A., represented by Mr. Guillermo Carvajal, and the John Carter Brown Library to collaborate on this project.

If any event is inter-American in scope, a matter of the most serious reflection and interest both in North and South America, it is Columbus's earth-uniting voyage of 1492; how appropriate, then, that this commemorative publication is a wholly inter-American enterprise.

It is necessary to note here how fortunate it was for the Library to be able to recruit Professor Helen Nader of Indiana University as the editor and translator of our manuscript. No one is more qualified for this task than she, the editor and translator also of the complete Book of Privileges compiled by Columbus, from which the present document was extracted by the Discoverer. Finally, we wish to acknowledge the invaluable assistance of Professor Emeritus José Amor y Vázquez of Brown University in preparing this work for publication.

NORMAN FIERING
Director & Librarian
John Carter Brown Library

PREFACIO

PARA LOS investigadores de la vida de Cristóbal Colón, el hecho que más ha llamado la atención es que cuatro meses antes de su partida hacia su gran viaje de descubrimiento, tomó la precaución de firmar con los Reyes Españoles un contrato minucioso sobre los beneficios que obtendría en caso de tener éxito. Tan extravagantes eran las retribuciones en dinero y privilegios conferidos por estas famosas Capitulaciones del 17 de Abril de 1492, que los intérpretes del evento han especulado por siglos, quizás de manera excesiva, que Colón ya poseía una idea bastante aproximada sobre lo que encontraría y por consiguiente formuló las máximas exigencias, mientras que la otra parte de la negociación lo desconocía todo.

En la obra *The Legacy of Christopher Columbus* de Otto Schoenrich, 2 volúmenes (Glendale, Calif: The Arthur H. Clark Company, 1949–1950), obra maestra en inglés sobre las Capitulaciones y la compleja historia de la controversia y el litigio que ocasionaron, Schoenrich comentó acertadamente: "Es una verdad lógica que ningún contrato puede ser demasiado favorable para una u otra de las partes, ya que en ese caso es evidente que será incumplido o quebrantado." Las Capitulaciones prometían tanta riqueza y poder para Colón y sus herederos que cuando se conoció la magnitud de su "descubrimiento," fue inevitable que la Corona Española tratara de desconocer el acuerdo.

La historia de los litigios en relación con los derechos de Colón por el descubrimiento se puede dividir en tres partes generales: Las propias peticiones de Colón a la Corona en el curso de su vida; las realizadas a la Corona por su hijo Diego y otros herederos después del fallecimiento de Colón en 1506; y el litigio entre los diversos descendientes de Colón después de un generoso arreglo concedido finalmente por la Corona en 1536. El documento aquí impreso en facsímil, el cual fue adquirido por la Biblioteca John Carter Brown en 1890, corresponde al primer período, cuando el litigio con la Corona aún era dirigido por el propio Colón. Aunque el documento no fue manuscrito por Colón, fue dictado indudablemente por él y es uno de los pocos documentos más cercanos a un manuscrito de Colón, que se puedan encontrar en Estados Unidos.

El hecho de que la biblioteca John Carter Brown pueda publicar esta valiosa posesión en facsímil durante el año del Quinto Centenario es muy satisfactorio para nosotros y sobre todo por las placenteras circunstancias que han hecho posible la publicación. La historia de este proyecto tuvo su inicio con la Profesora Margarita Garrido de Payán de la Universidad del Valle en Cali, Colombia. La Profesora Garrido, proveniente del Departamento de Historia de la Universidad del Valle, se vinculó a JCB como investigadora durante el año académico 1989–90 bajo el auspicio de una beca otorgada a la Biblioteca por parte de la Fundación Tinker en New York. Da la casualidad que el esposo de la Profesora Garrido, Carlos Payán, trabaja en Carvajal S.A., prestigiosa compañía de Artes Gráficas en Sur América. Durante la estadía de un año de Margarita y Carlos en Providence, nos enteramos de que Carvajal S.A. había publicado anualmente una serie de facsímiles históricos y que estaba buscando una obra apropiada para ser publicada en 1992. El final de la historia es obvio: la decisión tomada por Carvajal S.A., representada por el señor Guillermo Carvajal y la Biblioteca John Carter Brown, de trabajar conjuntamente en este proyecto.

Si algún evento tiene un alcance inter-Americano, de la más seria reflexión e interés tanto en

Norte como Sur América, es el viaje de unificación del mundo de Colón en 1492; cuán adecuado es, por consiguiente, que esta publicación conmemorativa se realice a través de un esfuerzo completamente inter-Americano.

Es necesario resaltar la fortuna que tuvo la Biblioteca al contar con la Profesora Helen Nader de la Universidad de Indiana como editora y traductora de nuestro manuscrito. No hay persona más calificada para dicho trabajo que ella, editora y traductora también de la totalidad del *Libro de Privilegios*, recopilado por Colón, del cual fue extractado el presente documento por el Descubridor. Finalmente, queremos reconocer la valiosa ayuda del Profesor Emérito José Amor y Vázquez, de Brown University, en la preparación de esta obra para su publicación.

NORMAN FIERING
Director & Bibliotecario
John Carter Brown Library

RIGHTS OF DISCOVERY

Christopher Columbus's Final Appeal to King Fernando

DERECHOS DEL DESCUBRIMIENTO

Apelación Final de Cristóbal Colón al

Rey Fernando

INTRODUCTION

Motives

Christopher Columbus selected this group of documents for copying in Seville during late 1504, while he was recuperating from his last voyage to America. The excerpts, he believed, would persuade the Spanish monarchs to reinstate his powers as admiral, viceroy and governor general of the Americas. These governing and judicial powers were of paramount importance to him and to his son Diego Colón. A great deal was at stake—his hereditary offices and income granted by King Fernando and Queen Isabel in the 1492 Capitulations, his son's future as an officer of the crown, and his descendants' wealth, which would be even greater than all the gold he was already receiving from America.

Rights and Privileges

The Santa Fe Capitulations that the monarchs signed on April 17, 1492, at first glance appear to be a straightforward business contract with Columbus as their partner in the enterprise of the Indies. The Granada Capitulations signed on April 30, 1492, however, granted Columbus royal offices and extraordinary governing powers. Some legal experts and political advisers thought that the Capitulations had violated fundamental prerogatives of the royal family. In 1492 royal legal advisers had checked and authorized the texts of the Capitulations, yet the need for secrecy and the extraordinary risks of Columbus's voyage had necessitated deliberately vague language in some passages and extralegal provisions in others. Thus the same documents by which the monarchs granted Columbus his rights and privileges gave rise to doubts that his governing powers in the Americas could be legitimate.

The principal difficulty arose from those clauses of the 1492 Capitulations granting royal offices and governing powers to Columbus as hereditary possessions that he could will to his son. Columbus had negotiated hard to win these extraordinary powers. The monarchs had hesitated because these clauses violated the very nature of monarchy.

Monarchies developed in Europe on the premise that the royal domain belonged to the royal family as a function of the monarch's judicial and military responsibilities, carried out for the welfare of the entire realm. Although monarchs could temporarily delegate royal power and use income from the royal domain to reward proxies, they could not permanently alienate royal functions or domain. To give away permanently the royal family's military and judicial offices and income violated this fundamental law of monarchical government.

Castilian legal counsellors attempted to overcome this difficulty in 1493 after Columbus returned from his first voyage and asked the monarchs to confirm and solemnify the Capitulations. The royal chancery added a lengthy preface and appended a solemn postscript to the Capitulations, employing arguments from philosophy, scripture, and Roman law to justify this permanent alienation of royal offices and income.

These elaborate appeals to reason, religion, and authority, however, contained the seeds of

Columbus's destruction. Any argument employed in 1493 for breaking the law could as easily be used later to justify breaching the Capitulations. Indeed, the monarchy need not invoke any argument at all in allowing an extralegal contract to lapse.

Columbus began to worry about this possibility while preparing for his third voyage. In an effort to solidify his claims, he assembled the original documents issued to him by the monarchs and, shortly before embarking, commissioned copies of them. He called this bound collection of royal documents his *Book of Privileges.*

Legal Problems

Columbus was concerned that what the monarchs had given him they could take away. That is exactly what happened in 1500, when he was brought back from his third voyage under arrest, charged by a royal investigative judge with having misused his judicial powers in the Spanish colonies. The monarchs released Columbus and dropped the charges but they also appointed other persons to govern the colonies.

Columbus did not stand by passively. He spent much of the next two years in the city of Granada, where the monarchs were also in residence, soliciting legal opinions in support of his claims, writing complaints to influential friends, and offering to make another voyage for the monarchy. At the same time, he lost touch with the reality of the Americas and began concocting a religious fantasy in which his discoveries ushered in the Second Coming of Christ.

In the spring of 1502, just as the monarchs were departing to visit Fernando's realms, they finally agreed to a fourth voyage by Columbus. From the town of Valencia de las Torres, on the road to Zaragoza, they sent Columbus a letter promising to reinstate all the rights and privileges originally granted to him in the Capitulations. Without waiting for formal confirmation of the royal promise, Columbus organized his final voyage during the summer of 1502.

In the city of Seville, just a month before his departure, he assembled the new documents from the monarchs together with the *Book of Privileges*, the legal opinions commissioned in Granada, and his own letters of complaint. He commissioned Seville notaries to make four copies of this expanded *Book of Privileges* and distributed them for safekeeping: two parchment copies, beautifully bound and cased, to the Bank of San Giorgio in his native city of Genoa; one copy to the Carthusian monastery of Santa Cruz in Seville for his son Diego; and a fourth copy to his business agent in the Americas, Alonso Sánchez de Carvajal.

Political Dilemmas

When Columbus returned to Spain in November 1504 from his fourth voyage, he found everything in a state of suspense. He had been presumed lost at sea and dead during the year he was shipwrecked on the island of Jamaica. In his absence, the royal chancery had not reconfirmed his rights and privileges. Nothing had been done to reinvest him with governing powers over the colonies. Furthermore, all government business began slowing to a standstill during 1504 as the royal staff realized that Queen Isabel was terminally ill.

After Isabel died in late November, the political situation deteriorated. No one knew who would exercise power in the coming months and years. King Fernando continued to administer the

FIGURE I

government of Castile until his daughter Juana could come from the Netherlands and receive the oath of homage from the Castilian Cortes and nobles.

But Fernando and Columbus both knew what worried everyone in Castile: Juana's symptoms of mental illness. Queen Isabel had been so worried that on her deathbed she added codicils to her will that seemed to contradict each other, first mandating that Juana should rule jointly with her husband Philip of Burgundy, then that Fernando should be Juana's regent in case of mental incapacity, then that the archbishop of Toledo, Francisco Jiménez de Cisneros, would be regent. Whoever could reach Juana and Philip first would hold the advantage in the coming months. Nobles, prelates, and politicians rushed to the north coast or to the Netherlands, ready to give the oath of homage and present a petition.

Columbus could not join the other petitioners going north. Crippled by chronic ailments that left him bedridden and partially blind, Columbus could not travel. Much as he had wanted to see Queen Isabel before she died, he had been too ill to make the grueling trip on horseback from Seville to Medina del Campo. He could not travel hundreds of miles from one coast to another in the winter cold and rain in order to present his requests in person to the new monarchs.

The Admiral nevertheless took command of the situation, formed his strategy, and marshalled his troops. The lynchpin of Columbus's strategy was legal; the king and queen had granted him these offices as hereditary possessions, they had promised in writing to reinstate him, and legal experts interpreted the royal grants as binding contracts.

Timing was crucial to the success of his efforts for reinstatement. Once again, Columbus took the initiative. He chose his son Diego as field officer of this campaign. At age 25 Diego Colón was probably young for so much responsibility, but Columbus loved and trusted him as he did no one else, and Diego had been well schooled in the ways of the royal court. Diego had been a page in Prince Juan's household, and became a member of Queen Isabel's staff after Juan's death. He had traveled with the royal court, was present in Medina del Campo during the queen's final days, and had formed powerful alliances with other members of the staff and government.

Columbus relied on Diego's charm and political skills, urged him to take active measures, and cajoled him into obedience. From November 1504 through February 1504, he wrote to Diego weekly, sending money in massive quantities, and instructed him to rely on the support and assistance of Juan Rodríguez de Fonseca, newly appointed bishop of Palencia and formerly bishop of Badajoz.

Fonseca would be critical to winning the good will and favor of Juana and Philip. Columbus expected to have an advantage in winning Fonseca's support. The two had worked together for years; since 1493 Fonseca had been the royal official responsible for organizing and administering the enterprise of the Americas. At the same time, Columbus also sent Diego reinforcements from Seville who, by their long experience in the Americas, were likely to be useful in persuading Fonseca. These were Columbus's younger son Fernando Colón, his brother Bartolomé Colón, and his business agent Alonso Sánchez de Carvajal.

The JCB Columbus Documents

Above all, Columbus instructed Diego to publicize his claims to the offices of viceroy and governor general. Diego had his copy of the *Book of Privileges* with him at the royal court, Columbus had his copy with him in Seville. From father to son flowed a steady stream of instructions.

Columbus was still angry with several crewmen who had defied his authority on Jamaica, and he was determined to regain the authority to discipline them. Shortly after Columbus arrived in Seville, he wrote to Diego to search the royal instructions for the fourth voyage for "a paragraph in which Their Highnesses ordered everyone to obey me and granted me civil and criminal jurisdiction over all who went with me."[1] This obsession with punishing the Jamaica rebels soon led him to broaden his perspective. The first priority, he wrote on December 1, "must be to regain the government of the Indies, and after that the revenues."[2] Columbus ordered Diego to make copies of the legal opinions in the *Book of Privileges* concerning his rights to govern and give these to Fonseca. Yet as Columbus the astute negotiator thought more about the matter during the next two weeks, he focused his strategy: "Now that I have thought more about it, I say just copy that part of the paragraph where they write that they will restore to me everything that belongs to me, which you have there in the *Book of Privileges*. . . . Later on there will be plenty of time to get down to any particulars we want."[3] One week later, he thought it would be good to be prepared, just in case Diego had a chance to speak about settling accounts. He must be prepared to provide proof that

1. Seville, November 21, 1504. In Cristóbal Colón, *Textos y documentos completos. Relaciones de viajes, cartas y memoriales.* Edition, preface, and notes by Consuelo Varela. Madrid: Alianza, 1984, p. 336.
2. Seville, December 1, 1504. *Textos y documentos*, p. 339.
3. Seville, December 13, 1504. *Textos y documentos*, p. 344.

FIGURE 2

Columbus was entitled to a large share of the royal revenues from the Americas: "You must try to have them see the document in the *Book of Privileges* which demonstrates the reasons I should receive the one-third, one-eighth, and one-tenth."[4]

He knew just which parts of each document best supported his claims. He instructed Diego: "I think that paragraph Their Highnesses wrote to me, where they say that they will fulfill their promises to me and put you in possession of everything, should be copied out in a good handwriting."[5] He chose the documents carefully, selecting a paragraph from a royal letter here, two or three pages from a legal opinion there.

The Documents

Diego had the copies made as he received his father's instructions early in January 1505. These extracts comprise the John Carter Brown Library's Spanish Codex 1. In 1505, Diego was still residing with King Fernando's court, which was wintering in the city of Toro. In those circumstances, Diego had a choice of many expert hands.

4. Seville, December 21, 1504. *Textos y documents*, p. 345. 5. *Ibid.*

Any clerk would have been proud of the professional standards achieved in the handwriting of Diego's copies. The documents are in two distinct hands. The first five and last three pages are written in a bold cursive with a pronounced downward stroke on many initial letters. Pages 5 through 11 are in a more rounded cursive.[6] Both hands are regular, with well formed individual letters and standard abbreviations. There are no ink blotches, and a comparison with the *Book of Privileges* reveals only one eye skip.

The manuscripts in Spanish Codex 1 do not bear the necessary marks of documents copied by clerks in an official capacity. The excerpts are not preceded with the usual clerk's description of time and place of copying, nor are they followed by the usual clerk's certification of collation with the originals. No clerk inscribed his rubric at the end of them to certify their accuracy. We can conclude that Diego did not commission one of the many public or royal clerks in Toro to do the copying.

Neither do the manuscripts in Spanish Codex 1 bear the necessary marks of documents submitted as evidence before a court of law. No notary certified the authenticity of the original documents. No local citizens attested to witnessing the copying process. The extracts probably were copied for private use, either to prompt Diego in his arguments to the new monarchs or to persuade royal treasurers to pay the arrears in the monarchy's accounts with Columbus. It is likely, therefore, that members of Diego's household staff wrote out the copies from dictation.

We do not know if the documents ever played the role for which they were written. Diego took the dispute to court, bringing suit against the monarchy in his efforts to carry out his father's instructions. In 1509, he won his lawsuit, received the titles of admiral and governor, and organized a colonizing expedition to La Española. But a couple of years later the monarchy countersued and won. The dispute simmered into the next generation, until Diego's eldest son Luis in 1537 agreed to give up his admiralty and drop his claims to a share of the royal revenues in exchange for the title duke of Veragua (modern Panama and Costa Rica), with a fixed annuity. That annuity continued to be paid right up into modern times.

The documents copied for Diego in 1505 probably stayed in his household archive and were passed on to his descendants. The clerk folded them in half and labeled them as "The Admiral's Capitulation." The documents must have been recognized as exceptionally old or important, because, in a sprawling more modern hand, a cataloger described the documents in florid terms:

> Sir Christopher Columbus having discovered the islands and continent in the Ocean Sea, [they] granted him several favors, of which this is an uncertified copy. Among these favors are found the offices of admiral and viceroy of what he discovered and that might be discovered, with other rights that are contained here in more detail.

Finally, the clerk wrote "Extraordinary paper n°" to prepare the documents for a shelving number. Later hands added and crossed out shelving numbers in Arabic and Roman numerals as the archives passed from one generation to another among the descendants of Christopher Columbus.

The Edition

I first saw these documents in the John Carter Brown Library in 1989, while pursuing research for my translation and edition of the *Book of Privileges*. They were in much better condition than I had

6. I owe these observations to David Stark.

anticipated even for Spanish documents, which have held up remarkably well over the centuries. Furthermore, they had an interesting historical pedigree: they were copied at the explicit instructions of Christopher Columbus. Those instructions are contained in the letters he wrote to his son Diego Colón from November 1504 through February 1505. The documents thus encapsulate a much larger historical story of how Christopher Columbus contrived with his son to reclaim the rights and privileges contained in the 1492 Capitulations. I believe that this is the first time they have been translated and published in English.[7]

I am grateful to the expert staff of the John Carter Brown Library, and especially to the director, Dr. Norman Fiering, whose enthusiasm and enterprise made the publication possible. My graduate assistant at Indiana University, David Stark, proofread the typescripts in both languages, suggested many improvements, and analyzed the handwriting of the original manuscript. He deserves much of the credit for the successful completion of this edition. Any errors or infelicities probably grew out of instances when I did not incorporate David's suggestions and are, of course, my own responsibility.

7. The documents were published three times in Spanish, most recently in an excellent transcription by L. T. Belgrano and M. Staglieno, *Il codice dei privilegi di Cristoforo Colombo.* Part 2, Volume 2 of *Raccolta di documenti e studi pubblicati dalla R. Commissione Colombiana.* Rome, 1894, pp. 105–113.

INTRODUCCIÓN

Motivaciones

En el año de 1504, Cristóbal Colón, quien se estaba recuperando de su último viaje a las Indias en la ciudad de Sevilla, decidió seleccionar y hacer copiar estos documentos convencido de que con ellos lograría persuadir a los monarcas españoles de que le restituyeran sus poderes de Almirante, Virrey y Gobernador General de las Indias. Estos poderes, que le fueron conferidos por el Rey Fernando y la Reina Isabel en las Capitulaciones de 1492, le otorgaban derechos de gobierno y justicia sobre el territorio y eran de vital importancia tanto para él como para su hijo Diego, ya que dicha concesión tenía carácter hereditario. Lo que estaba en juego superaba en mucho el oro que estaba ya recibiendo de las Indias, puesto que se trataba de defender no sólo el futuro de su hijo como oficial de la corona sino la fortuna de su descendencia.

Derechos y privilegios

Las Capitulaciones de Santa Fe, firmadas por los monarcas el 17 de abril de 1492, a primera vista parecen ser un mero contrato de negocios en el cual Colón era su socio en la empresa de las Indias. Las Capitulaciones de Granada, firmadas el 30 de abril de 1492, le otorgaban a Colón funciones reales y poderes extraordinarios de gobierno. Pero en la opinión de algunos expertos en leyes y consejeros políticos, dichas Capitulaciones violaban prerrogativas fundamentales de la familia real. Aunque éstas habían sido revisadas y autorizadas por los consejeros legales en el año de 1492, el secreto que se imponía y los enormes riesgos que se asumían con el viaje de Colón hicieron necesario que se utilizara un lenguaje deliberadamente ambiguo en algunas partes de las Capitulaciones y que se establecieran ciertas provisiones extra-legales en otros, así que el mismo documento por medio del cual los monarcas otorgaban a Colón derechos y privilegios daba cabida a diversas interpretaciones en lo tocante a la legitimidad de sus poderes como Gobernador de las Indias.

La principal dificultad surgió de la interpretación de las cláusulas de las Capitulaciones de 1492 por medio de las cuales se le otorgaban a Colón funciones reales y poderes de gobierno, que él estaba en libertad de legar a su descendencia. Colón tuvo que luchar con ahínco para obtener estos poderes extraordinarios puesto que al otorgárselos se estaba violando la naturaleza misma de la monarquía.

Las monarquías se desarrollaron en Europa con la premisa de que el dominio del reino pertenecía a la familia real como parte de sus responsabilidades tanto judiciales como militares cuya aplicación debería beneficiar al reino entero. Aunque los monarcas estaban autorizados a delegar temporalmente poderes reales y capacidad de manejo sobre las rentas, no lo estaban para transferir en forma permanente ni el dominio, ni las funciones reales. Por tanto al ceder totalmente parte de su jurisdicción se estaba violando esta ley fundamental del gobierno monárquico.

Los consejeros legales de Castilla intentaron solucionar esta dificultad en 1493, cuando Colón regresó de su primer viaje y solicitó a los monarcas confirmación solemne de las Capitulaciones. La cancillería real añadió a las Capitulaciones un detallado prefacio y un solemne anexo, en los cuales se sirvió de argumentos tomados de conceptos filosóficos, de las Sagradas Escrituras y del Derecho Romano para justificar esta total cesión de funciones y rentas reales.

Estas sofisticadas apelaciones a la razón, a la religión y a la autoridad contenían la semilla de la destrucción de Colón. Cualquier argumento empleado en 1493 para transgredir la ley podía fácilmente utilizarse posteriormente para violar las Capitulaciones. En efecto, a la monarquía no le era necesario invocar ningún argumento para derogar contratos extra-legales.

Colón empezó a vislumbar esta posibilidad cuando estaba preparando su tercer viaje. Con el fin de sustentar sólidamente sus reclamaciones, reunió todos los documentos originales que le habían entregado los monarcas y poco antes de embarcarse solicitó que se hicieran copias de los mismos. La copia encuadernada de esta colección de documentos reales fue denominada por Colón su *Libro de los Privilegios.*

Problemas legales

Colón temía que los monarcas pudieran quitarle lo que le habían otorgado y fue precisamente esto lo que sucedió en 1500, cuando regresó a la península, bajo arresto, a responder por el cargo de abuso en el ejercicio de sus poderes judiciales en las colonias españolas. Los monarcas levantaron los cargos contra Colón y lo pusieron en libertad, pero también encargaron a otros el gobierno de las colonias.

La reacción de Colón no fue pasiva. Se estableció en Granada, en donde también residían los monarcas, y allí permaneció dos años durante los cuales se dedicó a solicitar apoyo a sus reclamaciones, a escribir a sus amigos influyentes y a ofrecerse para realizar otro viaje en nombre de la monarquía. Esto originó no sólo su pérdida de contacto con la realidad de las Indias sino que le llevó a concebir una fantasía de corte religioso según la cual sus descubrimientos anunciaban la segunda venida de Cristo.

En la primavera de 1502, cuando los monarcas se disponían a realizar un viaje por los reinos de Fernando, decidieron autorizar un cuarto viaje de Colón. Desde la villa de Valencia de las Torres, en la ruta de Zaragoza, le enviaron una carta prometiéndole el reintegro de todos los derechos y privilegios que le habían sido otorgados en las Capitulaciones. Sin esperar confirmación oficial de la promesa real, Colón organizó su último viaje durante el verano de 1502.

Exactamente un mes antes de su partida y en la ciudad de Sevilla recopiló los nuevos documentos recibidos de los monarcas junto con *El Libro de los Privilegios*, las opiniones legales obtenidas en Granada y sus cartas de reclamaciones. Encargó a unos notarios de Sevilla para que hiciesen cuatro copias de su *Libro de los Privilegios* ampliado y las distribuyó con el fin de asegurarse de que estuvieran a salvo. Entregó dos copias en pergamino y hermosamente encuadernadas al Banco de San Giorgio, de su nativa ciudad de Génova, una copia al monasterio de la Cartuja de Santa Cruz en Sevilla para su hijo Diego y una cuarta copia a Don Alonso Sánchez de Carvajal quien era su apoderado en las Indias.

Dilemas políticos

Cuando Colón regresó a España en noviembre de 1504, encontró todas su reclamaciones aun pendientes. Al tenerse conocimiento del naufragio de su barco en la Isla de Jamaica, Colón había sido dado por muerto y en su ausencia la cancillería real no había reconfirmado sus derechos y privilegios ni se había dado ningún paso adelante para reconfirmar sus poderes gubernamentales sobre las colonias. Por otra parte, todos los negocios reales habían entrado en una especie de marasmo durante el año de 1504 cuando se tuvo conocimiento de la gravedad de la Reina Isabel.

FIGURA 3

A la muerte de Isabel, a finales de noviembre, la situación política se deterioró puesto que no se sabía quien asumiría el control del poder. El Rey Fernando tenía bajo su cargo la administración de Castilla hasta que su hija Juana regresara de Holanda para recibir juramento de las Cortes y los nobles de Castilla.

Pero Fernando y Colón eran conscientes de lo que preocupaba a todos en Castilla: Juana mostraba claros síntomas de desequilibrio mental. Tal había sido la preocupación de la reina que en su lecho de muerte añadió codicilios contradictorios entre sí. Primero ordenó que Juana reinara conjuntamente con su marido Felipe de Borgoña, luego que Fernando debía ser el regente de Juana en caso de incapacidad mental, por último añadió que el Arzobispo de Toledo, Francisco Jiménez de Cisneros, debía ser el regente. Por tanto los primeros en establecer contacto con Juana y Felipe ocuparían una posición ventajosa durante los primeros meses. Nobles, prelados y políticos corrieron presurosos hacia la costa norte o hacia los Países Bajos, para prestar juramento de fidelidad a Juana y solicitar ayuda.

Colón, reducido al lecho y casi ciego, no pudo unirse al grupo que se dirigió al norte. Si le había sido imposible cumplir su profundo deseo de visitar a la reina antes de su muerte, debido a que su precaria salud le impidió someterse al penoso viaje a lomo de caballo desde Sevilla hasta Medina del Campo, menos aún podía recorrer cientos de millas de una a otra costa, afrontando un duro invierno, para presentar personalmente su solicitud a los nuevos monarcas.

A pesar de todo se puso al frente de la situación, planeó su estrategia y organizó sus tropas. El punto central de la estrategia de Colón era la aplicación de la ley: el rey y la reina le habían otorgado estas funciones como posesiones a ser legadas a su descendencia, le habían prometido reintegrarle su dominio por escrito y según la opinión de algunos expertos en leyes, las promesas reales se consideraban contratos cuya ejecución era obligatoria.

El tiempo jugaba un papel esencial en sus esfuerzos por lograr su reintegración. De nuevo, Colón tomó la iniciativa y nombró a su hijo Diego maestro de campo en esta empresa. A los 25 años, quizás era Diego demasido joven para asumir tan gran responsabilidad, pero Colón le amaba y confiaba en él como en ningun otro y Diego tenía muy buen entrenamiento cortesano. Había sido paje en la corte del príncipe Juan y llegó a ser parte del personal de la Reina Isabel. Viajó con la corte real, estuvo presente en Medina del Campo a la hora de la muerte de la reina y estableció muy poderosas alianzas con otros miembros del personal de confianza y de los encargados del gobierno.

Colón, quien confiaba en los encantos y habilidades políticas de Diego, le urgió a tomar medidas rápidas y le exhortó a obedecerle. Le escribió semanalmente desde noviembre de 1504 hasta febrero de 1505, le envió elevadas sumas de dinero y le aconsejó confiar en el consejo y apoyo de Juan Rodríguez de Fonseca, recién nombrado obispo de Palencia y anterior obispo de Badajoz.

La intervención de Fonseca sería esencial para obtener el favor de Juana y Felipe, y Colón confiaba en lograr el apoyo de Fonseca puesto que había trabajado junto con él desde 1493, año en el cual Fonseca tuvo bajo su cargo la organización y administración de la empresa de las Indias. Simultáneamente y desde Sevilla, Colón envió refuerzos a Diego. Eran todas personas que, debido a su amplia experiencia en las Indias, podrían ser muy útiles para ganar el apoyo de Fonseca. Eran estos Fernando Colón, el hijo menor de Colón, su hermano Bartolomé Colón y su agente administrativo don Alonso Sánchez de Carvajal.

Los documentos de Colón – copia perteneciente a la JCB

Sobre todo, Colón le ordenó a Diego dar publicidad a su reclamación sobre los cargos de Virrey y Gobernador General. Diego conservaba en su poder en la corte real una copia del *Libro de los Privilegios* y Colón tenía la suya en Sevilla. Se estableció un permanente intercambio de instrucciones de padre a hijo.

Colón mantenía ciertos sentimientos de rencor contra los miembros de su tripulación que habían desafiado su autoridad en Jamaica y estaba dispuesto a recobrar su poder de mando sobre ellos. Poco después de su llegada a Sevilla, Colón le escribió a Diego pidiéndole que buscara las instrucciones reales concernientes al cuarto viaje y que ubicara un capítulo "en que mandaban que todos me obedeciesen y que tubiese yo la justicia civil y criminal sobre estos todos que fueron comigo."[1] Su obsesión por castigar a los rebeldes de Jamaica le llevó a ampliar sus ambiciones. La prioridad fundamental, escribió el l de diciembre, "Es de trabajar en haber la gobernación de las Indias y después

1. Sevilla, 21 de noviembre de 1504. En Cristóbal Colón, *Textos y documentos completos. Relaciones de viajes, cartas y memoriales*. Edición, prefacio y notas por Consuelo Varela. Madrid: Alianza, 1984, p. 336.

FIGURA 4

el despacho de la renta."[2] Además le ordenó a Diego hacer copias de las opiniones legales contenidas en *El Libro de los Privilegios* relacionadas con sus derechos de gobierno para entregárselas a Fonseca. Como Colón era un estratega astuto y aún tenía dos semanas más para repensar su plan, le dió un nuevo enfoque a su estrategia: "Agora que más he pensado digo que . . . se debe desar de requerir el Memorial del tercio o del diezmo y ochabo, salvo sacar el capítulo de su carta adonde me escriven esto que dise y requerir todo lo que me pertenece, como lo tienes por escrito en el libro de los pribilegios . . . porque después habrá siempre lugar de abasar a lo que la persona quisiere."[3] Una semana más tarde, pensó que era prudente estar preparado para actuar en caso de que Diego hubiera tenido la oportunidad de hablar acerca de los arreglos relacionados con los aspectos económicos. Tenía que estar listo para presentar pruebas de que tenía derecho a una amplia participación en las

2. Sevilla, 1 de diciembre de 1504. *Textos y documentos*, p. 339.

3. Sevilla, 13 de diciembre de 1504, *Textos y documentos*, p. 344.

rentas procedentes de las Indias: "Es de trabajar que vean la escritura que está en el libro de los privilegios, la cual amuestra la razón porque se me debe el tercio, ochabo y diezmo."[4]

Era consciente de las partes de cada documento que servían para respaldar más efectivamente sus reclamos, por tanto le dijo a Diego: "Paréceme que se debe sacar en buena letra aquel capítulo de aquela carta que Sus Altezas me escrivieron, adonde dizen que complirán conmigo y te pondrán en la posesión de todo."[5] Seleccionó muy cuidadosamente los documentos, eligiendo ya un párrafo de una carta real, ya dos o tres páginas de una opinión legal.

Los documentos

En los primeros días de enero de 1505, Diego, al recibir las instrucciones de su padre, ordenó copiar los documentos. Estos extractos se encuentran en la John Carter Brown Library bajo el código Spanish Codex 1. En 1505, Diego aún residía con la corte del Rey Fernando que estaba pasando el invierno en la ciudad de Toro, por tanto tenía la posibilidad de recibir la ayuda de manos expertas.

Para cualquier escribano habría sido un gran honor poder realizar las copias manuscritas de los documentos de Diego. Están escritas con dos caligrafías totalmente diferentes. Las primeras cinco y las últimas tres páginas estan escritas en una cursiva resaltada con barras hacia abajo después de muchas de las mayúsculas. De la página 5 a la página 11 la letra tiene unos rasgos mucho más redondeados.[6] Las dos caligrafías tienen rasgos parejos, con letras individuales claramente demarcadas y observan normas existentes para las abreviaciones. Las copias no tienen manchas de tinta y al compararlas con *El Libro de los Privilegios* se observa solamente una leve diferencia.

Los manuscritos contenidos en el Spanish Codex 1 no llevan las marcas necesarias para identificar los documentos copiados por escribanos oficiales. Los extractos no están precedidos por la acostumbrada descripción del amanuense en relación con la fecha y el lugar en que se hizo la copia, ni llevan al final la acostumbrada certificación de confrontación con los originales. Ninguna copia lleva la firma del amanuense que la efectuó en garantía de su exactitud. De lo anterior es posible concluir que Diego no encargó las copias a ninguno de los escribanos públicos ni reales en la ciudad de Toro.

Los mencionados documentos tampoco llevan sellos ni marcas que los acrediten como documentos presentados como evidencia ante ninguna corte, tampoco están autenticados por ningún notario, ni hay testimonio de ningún ciudadano en relación con el proceso de copia. Es posible que las copias hayan sido solicitadas para hacer de ellas una utilización privada que le sirviera a Diego para presentar su argumentación a los nuevos monarcas o para convencer a los tesoreros reales para que efectuaran el pago de lo que se le debía a Colón. Parece ser que miembros de la casa de Diego Colón escribieron las copias, las cuales les fueron dictadas.

Desconocemos si los documentos llegaron a ser utilizados para los fines propuestos. Diego llevó la reclamación a la corte y llegó incluso a presentar una demanda contra la monarquía en su afán por seguir las instrucciones de su padre. En 1509 ganó la demanda y después de recibir los títulos de Almirante y Gobernador, organizó una expedición colonizadora a La Española, sin embargo la monarquía presentó una contrademanda que fue ganada dos años después. La disputa se prolongó hasta la siguiente generación cuando Luis, el hijo mayor de Diego, llegó a un acuerdo en 1537 según el cual renunciaba al Almirantazgo y retiraba sus reclamos sobre su participación en las rentas reales,

4. Sevilla, 21 de diciembre de 1504, *Textos y documentos*, p. 345.

5. Sevilla, 1 de diciembre de 1504, *Textos y documentos*, p. 339.

6. Debo estas observaciones a David Stark.

a cambio del título de Duque de Veragua (Panamá y Costa Rica actualmente), más el pago de una renta anual fija. Dicha anualidad continuó siendo pagada hasta nuestros días.

Los documentos copiados para Diego en 1505 probablemente permanecieron en sus archivos personales y pasaron luego a sus descendientes. El escribano los dobló por la mitad y los archivó bajo el nombre de las "Capitulaciones del Almirante". Estos documentos debieron ser reconocidos como excepcionalmente antiguos e importantes puesto que con letra mucho más irregular y moderna, algún recopilador los describe utilizando términos muy floridos:

> Habiendo descubierto D. Cristóbal Colón las islas de tierra firme en el Mar Oceano le hacen varias mercedes cuya copia simple es esta & entre ellas les hallen el officio de almirante y virrey de el descubierto y que fuere descubriendo con mas otros derechos que mas largamente aquí se contienen.

Finalmente el amanuense escribió "Documento extraordinario N°." al preparar los documentos para recibir un número de archivo. Los documentos tienen adiciones y cambios de los números de archivo, unos en números arábigos y otros en números romanos, puesto que los archivos pasaron de una a otra generación entre los descendientes de Cristóbal Colón.

La edición

Encontré por primera vez estos documentos en la John Carter Brown Library en 1989 estando en el proceso de investigación necesario para realizar mi traducción y edición del *Libro de los Privilegios*. Dichos documentos estaban en mucho mejor estado de lo que se hubiera podido esperar incluso de documentos españoles que se han conservado excepcionalmente bien a través de los siglos. Por otra parte tienen un valor histórico muy particular puesto que las copias fueron hechas por orden explícita de Cristóbal Colón. Las instrucciones de Colón están en las cartas que le escribió a su hijo Diego Colón entre los meses de noviembre de 1504 y febrero de 1505, por tanto encierran un historial mucho más extenso de los esfuerzos realizados por Colón y su hijo para reclamar los derechos y privilegios contenidos en las Capitulaciones de 1492. Credo que ésta es la primera vez que han sido traducidos y publicados en inglés.[7]

Quiero expresar mis agradecimientos al experto personal de la John Carter Brown Library y muy especialmente a su director, Dr. Norman Fiering, cuyo entusiasmo y empeño hicieron posible su publicación. David Stark, de Indiana University, quien trabajó conmigo en la confrontación y lectura de los textos mecanografiados en los dos idiomas, sugirió muchas mejoras y analizó la letra del manuscrito original; por tanto se hace acreedor a buena parte del éxito en la publicación de esta edición. Cualquier error o desacierto en la misma nace quizás de las ocasiones en las que no incluí sus sugerencias y por supuesto soy responsable de los mismos.

7. Los documentos fueron publicados tres veces en español, siendo la publicación más reciente una excelente transcripción hecha por L. T. Belgrano y K. Staglieno, *Il codice dei privilegi di Cristoforo Colombo*. Parte 2a, volumen 2 de *Raccolta di documenti e studi pubblicati dalla R. Commissione Colombiana*. Roma, 1894, pp. 105–113.

FACSÍMIL / FACSIMILE

Capitulacion

Las cosas suplicadas e que vuestras altezas dan e otorgan a don Cristoval Colon en alguna satisfacion de lo que ha descubierto en las mares oceanas e del viaje que agora con el ayuda de Dios ha de hazer por ellas en servicio de vuestras altezas son las que se siguen

Primeramente que vuestras altezas como señores que son de las dichas mares oceanas fazen dende agora al dicho don Cristoval Colon su almirante en todas aquellas yslas e tierras firmes que por su mano o yndustria se descubriran o ganaran en las dichas mares oceanas para durante su vida, e despues del muerto a sus herederos e subcesores de uno en otro perpetuamente con todas aquellas preheminencias e prerrogativas pertenecientes al tal oficio, e segund que don Alfonso Enrriquez vuestro almirante mayor de Castilla e los otros predecesores en el dicho oficio lo tenian en sus distritos. Plaze a sus altezas. Juan de Coloma.

Otrosi que vuestras altezas hazen al dicho don Cristoval su visorrey e governador general en todas las dichas yslas e tierras firmes e yslas que como dicho es el descubriere o ganare en las dichas mares, e que para el regimiento de cada una e qualquier dellas haga el elecion de tres personas para cada oficio, e que vuestras altezas tomen e escojan uno el que mas fuere su servicio, e asi seran mejor regidas las tierras que nuestro Señor le dexara hallar e ganar a servicio de vuestras altezas. Plaze a sus altezas. Juan de Coloma.

Item que de todas e qualesquier mercadurias siquier sean perlas piedras preciosas oro plata especeria e otras qualesquier cosas e mercadurias de qualquier especie nombre e manera que sean que se compraren trocaren hallaren ganaren e ovieren dentro de los limites del dicho almirantazgo que dende agora vuestras altezas hazen merced al dicho don Cristoval e quieren que aya e lleve para si la dezena parte de todo ello, quitadas las costas todas que se hizieren en ello, por manera que de lo que quedare limpio e libre aya e tome la dezena parte para si mismo e haga della a su voluntad, quedando las otras nueve partes para vuestras altezas. Plaze a sus altezas. Juan de Coloma.

Otrosi que si a causa de las mercadurias quel traera de las dichas yslas e tierras que asi como dicho es se ganaren o descubrieren o de las que en trueque de aquellas se tomaren aca de otros mercaderes naciere pleyto alguno en el lugar donde el dicho comercio e trato se terna e hara, que si por la preheminencia de su oficio de almirante le pertenecera conocer del tal pleyto plega a vuestras altezas quel o su teniente e no otro juez conozca del tal pleyto e asi lo provean dende agora. Plaze a sus altezas si pertenece al dicho oficio de almirante segund que lo tenia el dicho almirante don Alfonso Enrriquez e los otros sus antecesores en sus distritos e siendo justo. Juan de Coloma.

Item que en todos los navios que se armaren para el dicho trato e negociacion cada e quando e quantas vezes se armaren que pueda el dicho don Cristoval Colon si quisiere contribuir e pagar la ochava parte de todo lo que se gastare en el armazon, e que tanbien aya e lleve del provecho la ochava parte de lo que resultare de la tal armada. Plaze a sus altezas. Juan de Coloma.

2

Son otorgados e despachados con las respuestas de vuestras altezas en fin de cada un capitulo en la villa de Santa Fe de la Vega de Granada a diez e syete dias de abril del año del nasçimiento de nuestro Salvador Jhesu Christo de mill e quatroçientos e noventa e dos años. Yo el Rey. Yo la Reyna. Por mandado del Rey e de la Reyna, Juan de Coloma. Registrada, Calçena.

[illegible]

[illegible] nuestro almirante mayor de Castilla [illegible] nos vos mandamos que dedes e fagades dar a don Christoval Colon nuestro almirante del mar Oçeano [illegible] e de los dichos capitulos e confirmaçiones del dicho almirante de Castilla [illegible] por el [illegible] los derechos [illegible] del dicho don Christoval Colon [illegible] e ganançias e [illegible] en el almirantadgo de Castilla [illegible] luego como fueredes requeridos [illegible] so pena de la nuestra merçed [illegible] e no lo fizieredes [illegible] mandamos al nuestro [illegible] que vos emplaze [illegible] cumplir.

Traslado de unos capitulos del privillejo del señor almirante de Castilla e del señor almirante de las Yndias

Primeramente que ha de aver que de todas las ganançias del dicho almirantadgo que yo oviere o fiziere en la mi flota e por la mar que aya yo los dos terçios e el dicho almirante la terçia parte.

Otrosy que de todas las galeas que yo mandare armar o que fueren por mandado de la armada que oviere que aya yo los dos terçios e el dicho almirante la terçia parte.

Otrosy tengo por bien e mando que de todas las galeas e naos e otros leños e otros navios que yo mandare armar [illegible] que aya el dicho mi almirante la terçia parte [illegible].

Otrosy tengo por bien que cada que el dicho mi almirante fiziere armada por mi mandado que pueda ahorcar e dar qualquier pena a omes e a mugeres de qualesquier malefiçios por que deva ser o puedan ser [illegible] los que con él fueren en la dicha flota [illegible] de los mis reynos e otros qualesquier e que pueda el dicho mi almirante [illegible] en el [illegible] por ende el pechar [illegible] que fizieren o fiziere.

Otrosy tengo por bien que el dicho mi almirante que aya el dicho almirante [illegible] e jurediçion çevil e criminal bien complidamente en todos los puertos e lugares de los mis reynos e otros [illegible].

Otrosy defiendo firmemente que ningunos ni algunos no sean osados de yr ni pasar contra [illegible] so pena de la mi merçed e de [illegible] el dicho privillejo [illegible] qualesquier [illegible] el almirante [illegible] bien [illegible] ... mi almirante ... [illegible] Bovadilla ... todos los diezmos e menudos ... de oro que por ende ... [illegible] ... de doblas ... a lo que tomo ... por ello ... [illegible] ... a vos en vuestros ... [illegible] ... de aquellos que contra ello ... o quisiere yr e pasar por la dicha ... de las dichas ... doblas ... por cada vegada ... para hazer ... [illegible] etc.

Otrosy que mandedes enmendar al dicho mi almirante lo que el dicho comendador Bovadilla tomo de todos los dichos diezmos e menudos ... que la dicha ... [illegible] ... dichos etc.

E porque vos el dicho Christoval Colon vades por nuestro mandado a descobrir e ganar con ciertas fustas nuestras e con nuestra gente ciertas yslas e tierra firme en la mar oceana etc.

enel segundo previllegio

Es nuestra merced e voluntad que ayades e tengades vos e despues de vuestros dias vuestros fijos e descendientes e subcesores uno en pos de otro el dicho oficio de nuestro almirante del dicho mar oceano que es nuestro que comiença por una raya o linea que nos avemos fecho marcar que pasa desde las yslas de los Açores a las yslas de Cabo Verde de setentrion en abstro de polo a polo por manera que todo lo que es allende de la dicha linea al occidente es nuestro e nos pertenesce e ansy vos fazemos e criamos nuestro almirante e a vuestros fijos e subcesores uno en pos de otro de todo ello para siempre jamas. E ansymismo vos hazemos nuestro visorrey e governador e despues de vuestros dias a vuestros fijos e subcesores e descendientes uno en pos de otro de las dichas yslas e tierra firme descubiertas e por descubrir en el dicho mar oceano en la parte de las Yndias como dicho es e vos damos la posesion e casy posesion de todos los dichos oficios de almirante e visorrey e governador para siempre jamas e poder e facultad para que en las dichas mares podades usar e usedes del dicho oficio de nuestro almirante en todas las cosas e forma e manera e con las preheminencias e prerrogativas e derechos e salarios segund e como lo usaron e usan gozaron e gozan los nuestros almirantes de las mares de Castilla e Leon e para en la tierra de las dichas yslas e tierra firme que son descubiertas e se descubrieren de aqui adelante en la dicha mar oceana en la parte de las Yndias etc.

El Rey e la Reyna

Por quanto en la capitulaçion e asiento que por nuestro mandado se hizo e tomo con vos don Christoval Colon nuestro almirante del mar O-
çeano çerca de las Yndias se contiene que vos ayays de aver çier-
ta parte de lo que se oviere e ganare en las dichas Yndias descontando
primeramente las costas e gastos que en ello se oviere fecho o se
hiziere como mas largamente en la dicha capitulaçion se contiene
E porque hasta agora vos aveys trabajado mucho en el descubrir de la
tierra e las dichas Yndias e aun fasta aqui no se ha avido
mucho ynteresse dellas antes se han fecho algunas costas e gastos E porque nuestra merçed e voluntad es de vos hazer merçed de la
[illegible] quitamos e remitimos las costas e gastos que hasta aqui
se han fecho en los negoçios tocantes a las dichas Yndias e
se hizieren en este viaje que agora mandamos fazer e armar para
las dichas Yndias hasta que sean llegados a la ysla Ysabela
Española e que no seays obligado a pagar cosa alguna dello ni vos sea des-
contado a vos ni cosa alguna en ello de mas dello que por todo el
tiempo del primer viaje o tiempo que vos no pudistes cumplir lo [?]
que vos cabe dello que hasta que se ha perdido en las dichas yslas por razon
del diezmo ni del ochavo que vos el dicho almirante aveys de aver
de las cosas muebles de las dichas yslas ni por otro efecto alguno
de lo que aveys a contribuir hasta que vos hazemos merçed. E porque vos el dicho
almirante dezis que lo que de aquella se oviere de las dichas yslas
se a de sacar primeramente el ochavo e lo que restare se han de
sacar las costas e despues el diezmo. E por que por la horden e
tenor de la dicha capitulaçion paresçe que se deve sacar primero las
costas e despues el diezmo e despues el ochavo e no como por
agora aveys entendido como esto se ha de fazer. E a nuestra merçed por
hazer merçed a vos el dicho almirante que por este viaje se saque primero
el ochavo para vos sin costa alguna e despues se saquen las costas e lo que restare se saque el diezmo para vos el dicho almirante
por pasado el dicho tiempo que se aya de sacar el dicho diezmo e las costas e ochavo segund en la dicha capitulaçion se contiene. E que por
esta merçed que vos hazemos por el dicho tiempo no se vos de ni quite mas
derecho del que teneys por virtud de la dicha capitulaçion antes quede
en su fuerça e vigor para adelante pasado el dicho tiempo. Fecha
en la villa de Medina del Campo a doze dias de junio de noventa
e syete años. Yo el Rey. Yo la Reyna. Por mandado del Rey e
de la Reyna, Fernand Alvarez. En las espaldas dezia Acordada.

Este es traslado de una carta original de una carta que [illegible] mando [illegible] al señor almirante al tiempo de su partida
del viaje donde agora viene.

En lo al contenido en vuestros memoriales e letras tocante a vos e a vuestros hijos e hermanos, porque como vedes a causa que nos estamos en camino e vos de partida no se puede entender en ello hasta que paremos de asiento en algund lugar, e si esto oviesedes de esperar se perderia el viaje a que agora vays, por esto es mejor que pues de todo lo necesario para vuestro viaje estays despachado vos partays luego syn detenimiento alguno, e quede a vuestro hijo el cargo de solicitar lo contenido en los dichos memoriales. E tened por cierto que de vuestra prision nos peso mucho, e bien lo vistes vos e lo conoscieron todos claramente, pues que luego que lo supimos lo mandamos remediar, e sabeys el favor con que vos avemos mandado tratar siempre. E agora estamos mucho mas en vos honrrar e tratar bien, e las mercedes que vos tenemos fechas vos seran guardadas enteramente segund forma e tenor de nuestros previllegios que dellas teneys syn yr en cosa contra ellas, e vos e vuestros hijos gozareys dellas como es razon. E sy necesario fuere confirmarlas de nuevo las confirmaremos. E a vuestro hijo mandaremos poner en la posesyon de todo ello, y en mas que esto tenemos voluntad de vos honrrar e hazer mercedes. E de vuestros hijos e hermanos nos ternemos el cuydado que es razon, e todo esto se podra hazer yendo vos en buena ora e quedando el cargo a vuestro hijo como esta dicho. E asy vos rogamos que en vuestra partida no aya dilacion. De Valencia de la Torre a catorze dias de março de quinientos e dos años. [illegible]

Lo que pertenesce al almirante visto su [illegible] e [illegible] de las yndias por el rrey e la rreyna nuestros señores.

Muy claro parece por la capitulacion fecha de sus altezas e firmada de sus reales manos e nombres que sus altezas ordenaron e mandaron al dicho almirante de las yndias todas las preheminencias e prerrogativas que tiene el almirante de Castilla, al qual por su derecho parece pertenescerle la tercia parte de todo lo que se ganare [illegible] el almirante [illegible] dende adelante [illegible] parte de todo lo que se ganare de las yndias [illegible] firme [illegible] por [illegible] Relatam. in re [illegible] el diezmo [illegible] como parece [illegible] la dicha capitulacion.

Y sy alguno quisiere argüir que la tercia parte que tiene el almirante de Castilla [illegible] de las [illegible] por la mar [illegible] por [illegible] no pertenesce el diezmo de ellas al dicho almirante [illegible]

6

+ A esto responde el dicho almirante e dize que se deve [illegible] por
la dicha [illegible] al dicho almirante de Castilla es fundado
almirante de la mar [illegible] por la qual [illegible] le es dado [illegible] la terçia
parte de lo que gana por la mar por ser [illegible] que no le es dado [illegible]
[illegible] que fuera mucho [illegible] e [illegible] no razonable
de lo que fuera de su ofiçio commo se dize quia propter ofiçium [illegible]
porque el benefiçio [illegible] aver [illegible] al ofiçio e no fuera [illegible]
po el almirante de Castilla [illegible] al [illegible]
[illegible] de la dicha [illegible] por almirante de la mar
[illegible] e [illegible] de las [illegible] e firme [illegible]
e por [illegible] en la mar oçeano [illegible] por lo [illegible] le [illegible]
tener la terçia parte de las [illegible] e [illegible]
[illegible] de su ofiçio de almirante [illegible] deve en
tender [illegible] el dicho [illegible] del dicho almirante de [illegible] el
[illegible] que del [illegible] muy [illegible] e [illegible]
deve entender [illegible] subiectam [illegible] materiam [illegible] y segund
qualitatem personarum y [illegible] no [illegible]
[illegible] el dicho [illegible] al dicho almirante de las
Yndias [illegible] llevar el terçio de los [illegible] de las Yndias [illegible]
el es almirante [illegible] almirante de la
mar no podria tener [illegible] de lo que ganaren por la mar
por si fuera de [illegible] ofiçio de [illegible]
ver [illegible] el dicho [illegible] e [illegible]
no es de dezir por grande palabra [illegible] en [illegible]
[illegible] no deve [illegible]
[illegible] de tanta ynportançia [illegible] de su
[illegible] muy [illegible]
[illegible] debiendo [illegible]
[illegible] de la [illegible] el dicho
almirante por la [illegible] por [illegible]
[illegible] solamente la [illegible] no [illegible] de la
[illegible] le pertenesçe por [illegible] de su
[illegible] muy [illegible]
[illegible] que dizen las [illegible]
[illegible] benefiçia [illegible] sunt latissime interpre
tanda [illegible] por los [illegible] de [illegible]
[illegible] mayormente [illegible]
[illegible] salvo [illegible] de [illegible]
[illegible] de [illegible]
[illegible] por [illegible] paresçe [illegible] le
pertenesçe al dicho almirante [illegible] que en las [illegible]
[illegible] e [illegible] en tanto [illegible] es [illegible]
[illegible] de las Yndias [illegible] de [illegible]
le pertenesçe commo al [illegible] que [illegible] por [illegible]

aquella. a un [illegible] mesmos [illegible] de los que [illegible] la ganançia
que [illegible] del almirante [illegible] obrado y des-
pues [illegible] e [illegible] pelitro [illegible]
[illegible] e de su [illegible] por lo [illegible] de [illegible]
[illegible] el dicho [illegible] fue la ganançia de
[illegible] e [illegible] se verdad veamos [illegible] de lo que [illegible]
al [illegible] las [illegible] de los que menos [illegible]
[illegible] vernagio de [illegible] pe-
[illegible] el [illegible] a la [illegible]
y [illegible] confirmaçion de lo [illegible] se contiene en nuestro pri-
uilegio de almirante de las yndias [illegible] el dicho almirante fue
por mandado de sus altezas [illegible] no [illegible]
[illegible] de la ganançia de la mar [illegible] claramente [illegible]
firme [illegible] claramente se dize [illegible] que no se
pone de derecho [illegible] en forma [illegible] de la [illegible]
del [illegible] dize [illegible] porque [illegible]
des por [illegible] mandado [illegible] confirmaçion
y porque [illegible] la ganançia [illegible] confirma-
ne [illegible] que la terçia parte [illegible] la ganançia [illegible]
el terçio de la ganançia no tiene [illegible] de lo [illegible]
[illegible] confirmaçion [illegible] al dicho almirante
[illegible]
pedido el dicho almirante mayor que le fuese [illegible]
[illegible] de su ganançia [illegible]
[illegible] ni notiçia [illegible] fuera de la [illegible]
[illegible] de sus altezas [illegible] claramente [illegible]
a lo que [illegible] claramente paresçe
[illegible] verdadera [illegible] confirma-
al dicho almirante [illegible]

[illegible] porque el diezmo [illegible] almirante [illegible]
[illegible]
[illegible] el dicho [illegible] de las [illegible]
[illegible] de los [illegible] de sus altezas [illegible] fueron
de las perlas [illegible] almirante [illegible] en tan-
[illegible] de sus altezas [illegible]
y no [illegible] el dicho almirante [illegible]
donde [illegible] no [illegible] de tales [illegible]
[illegible] fue [illegible] por [illegible]
[illegible] ynorante que [illegible]
de [illegible] no le [illegible] la [illegible]
[illegible]

8

Lo obtenian por entero e asy se deve [illegible] e por respecto
del alguazil [illegible] fize [illegible] se [illegible] alguazil [illegible]
al [illegible] puede [illegible] el [illegible] lo que
le fan [illegible] de los [illegible] obligados [illegible]

[illegible] de los [illegible] pertenesçe [illegible] e [illegible] el [illegible] alguazil de los yndios por [illegible] el [illegible]
e [illegible] el titulo [illegible] tiene el dicho alguazil e [illegible] de [illegible] de los [illegible]
firme del [illegible] es [illegible]

El xvii° capitulo

Primeramente por el primer capitulo que [illegible] al [illegible] le hizieron [illegible] alguazil mayor
de los yndios y de las otras firme [illegible] ombre [illegible] e para [illegible] ombre en el
[illegible] de las [illegible] e [illegible] e en la [illegible] el alguazil [illegible]
de [illegible] e tiene [illegible] en [illegible]

y para declarar [illegible] el [illegible] alguazil mayor [illegible] tiene [illegible]
[illegible] por ello [illegible] el [illegible]
por [illegible] el alguazil de los yndios [illegible]
de los [illegible] [illegible]

Lo primero que el alguazil de [illegible] no [illegible] el [illegible] de los
[illegible] de donde el [illegible] alguazil [illegible]. Al alguazil de los
yndios [illegible] el [illegible] de los [illegible] que por [illegible]
[illegible] e la [illegible] al [illegible] e otra firme
[illegible] de ella [illegible] titulado del
[illegible] de los [illegible] el [illegible] el alguazil [illegible]
[illegible] la opinion de todo el mundo [illegible]
[illegible]

Cap° [illegible]

Por el segundo capitulo que [illegible] al [illegible] le hizieron [illegible]
[illegible] de [illegible] los dichos y las otras [illegible]
que [illegible] de los oficios que tener [illegible]
[illegible] e despues [illegible] le fiziese
[illegible] de los dichos oficios en los [illegible]
[illegible] por [illegible]
[illegible]

y la declaraçion [illegible] que el dicho alguazil [illegible] tener los dichos oficios
de [illegible] de poner todos los oficios
de los oficios [illegible] de los dichos yndios por que [illegible] en
[illegible] el dicho alguazil [illegible]
[illegible] los dichos yndios le hizieron [illegible]
dichos oficios e [illegible] dicha [illegible]

Iten commo quier que en el real por mandado el dicho almirante no se
deo proçeder [illegible] alguna [illegible] contra [illegible] de [illegible]
[illegible] e [illegible] el [illegible] dexe
[illegible] que no le [illegible] los dichos [illegible]
governar [illegible]

Los [illegible] nuevamente [illegible]
[illegible] los [illegible] fazia el dicho
[illegible]
[illegible]

Iten commo [illegible] el dicho al
mirante [illegible] apodera
[illegible] proveyera [illegible]
[illegible] ynjustamente per
tenesçer al dicho almirante los dichos ofiçios [illegible]

E porque [illegible] el dicho almirante [illegible]
de que les [illegible] los dichos ofiçios [illegible]
le desapoderaron [illegible] injustamente [illegible]
[illegible] ser llamado [illegible]
[illegible] el dicho almirante [illegible]
[illegible] desonor [illegible]
[illegible] el dicho capitulo [illegible] por los
[illegible]

E porque el dicho almirante no pudo [illegible]
poderado [illegible] los dichos ofiçios [illegible]
[illegible]
[illegible]
[illegible]
[illegible] el dicho almirante [illegible]
llamado [illegible] por [illegible]
[illegible] grande [illegible] el dicho almi
rante [illegible]
[illegible]

E porque [illegible] los dichos ofiçios [illegible]
[illegible]
dicho almirante [illegible]
[illegible] los dichos ofiçios
[illegible] el dicho
almirante [illegible]
dichos ofiçios [illegible]

10

E viniendo al [illegible] que el dicho almirante dize
que es en grand utilidad por [illegible] de [illegible]
[illegible] e descubria en la dicha [illegible] muchos [illegible]
[illegible] de grand valor el dicho almirante
[illegible] e [illegible] la utilidad de [illegible]
de derecho le deve [illegible] fecho

[illegible] le deve hazer [illegible]
[illegible] poderio de [illegible]
[illegible]
de [illegible]

[illegible] le deve [illegible]
[illegible] al dicho almirante
[illegible]

[illegible]
[illegible]
[illegible]
[illegible]
[illegible]
[illegible]

[illegible]
[illegible] el dicho almirante
[illegible]
[illegible]
[illegible]
[illegible] el dicho almirante [illegible]
[illegible]
[illegible]
[illegible]

[illegible]
[illegible]
[illegible]
[illegible]
[illegible]
[illegible]
[illegible]
[illegible]
del [illegible]

[illegible] el tercero [illegible]

[illegible] el tercero [illegible]
[illegible]
dicho almirante [illegible]

+ Iten se entiende demandar el dicho almirante sobre el diezmo de lo que se oviere e fallare en las dichas yslas e tierra firme
del mar oçeano porque las leyes de los reynos dexan libremente
a la persona [illegible] de sus bienes . o de [illegible] leyes [illegible]
por [illegible] dello [illegible] dello [illegible] [illegible]
[illegible] [illegible] [illegible] [illegible] fiziere [illegible]

+ Su alteza [illegible] en perjuyzio del dicho diezmo no puede [illegible]
[illegible] de [illegible] por alguna de las [illegible] dichas yslas
[illegible] [illegible] aya de pagar [illegible] parte dello en tanto
el dicho diezmo al dicho almirante [illegible]

+ [illegible] [illegible] [illegible] [illegible] [illegible] [illegible]
[illegible] tiene fecha al dicho almirante e despues [illegible] diminuyda
[illegible] [illegible] [illegible] [illegible]

+ [illegible] [illegible] fecha al dicho almirante del dicho diezmo fue [illegible]
[illegible] [illegible] [illegible] [illegible] [illegible] [illegible]
[illegible] al [illegible] [illegible] [illegible] [illegible] [illegible]
dicho diezmo [illegible] [illegible] [illegible] [illegible] [illegible]

+ [illegible] [illegible] [illegible] [illegible] [illegible] mandare
[illegible] [illegible] [illegible] [illegible] [illegible] [illegible]
[illegible] [illegible] [illegible] [illegible] [illegible] [illegible]
el dicho almirante el diezmo de lo que [illegible] e no se
[illegible] [illegible] [illegible] [illegible] [illegible] [illegible]
[illegible] [illegible] [illegible] es verdadera [illegible]
[illegible] [illegible] [illegible] de las dichas yslas de su almirantadgo [illegible]

[illegible] [illegible]

+ por el [illegible] [illegible] [illegible] [illegible] el dicho almirante la juridiçion
[illegible] [illegible] [illegible] [illegible] [illegible] [illegible]
dichas yslas [illegible] [illegible] [illegible] [illegible] [illegible]
[illegible] [illegible] [illegible] la juridiçion del almirante de
[illegible] [illegible] [illegible]

+ [illegible] [illegible] [illegible] que tiene el dicho almirante [illegible]
[illegible] [illegible] el dicho juez [illegible] [illegible] [illegible]
[illegible] [illegible] [illegible] del [illegible] de su almirantadgo
[illegible] [illegible] [illegible] [illegible] por el dicho almirante [illegible] [illegible] [illegible] por que el dicho juez [illegible]
de [illegible] [illegible] [illegible] [illegible] [illegible]
[illegible] del [illegible] del dicho almirantadgo [illegible]

+ [illegible] [illegible] [illegible] [illegible] [illegible] [illegible]
[illegible] [illegible] [illegible] [illegible] [illegible] tierra firme [illegible]
[illegible] almirante [illegible] [illegible] [illegible] [illegible]
el dicho juez [illegible] [illegible] [illegible] [illegible] [illegible]

12

[illegible] los [illegible] naturales [illegible]
[illegible]
[illegible]
[illegible]
[illegible]
[illegible]

Iten [illegible] el dicho [illegible] juez [illegible] el dicho
oficio de almirantazgo [illegible] el dicho almirante [illegible]
[illegible] almirantazgo [illegible]
almirante [illegible] el dicho [illegible]
[illegible] almirante [illegible]
[illegible] almirantazgo [illegible]
[illegible]
[illegible] almirantazgo [illegible]

[illegible] el dicho almirante [illegible]
[illegible]
[illegible]

Iten [illegible] el dicho almirante [illegible]
[illegible]
[illegible] almirantazgo [illegible]
[illegible]

Iten [illegible] el dicho almirante [illegible]
[illegible]
[illegible]
[illegible]

Iten [illegible]
[illegible]
[illegible]
[illegible]

Iten [illegible] el dicho almirante [illegible]
[illegible]
[illegible]
[illegible]
[illegible] almirante [illegible]
[illegible]

[illegible] por el quinto [illegible] al [illegible] vito [illegible]

[illegible]

[illegible] forme [illegible]

[illegible]

[illegible]

[illegible] entendimiento [illegible]

[illegible]

[illegible]

[illegible]

[illegible]

[illegible] titulo [illegible]

[illegible]

[illegible]

[illegible] forme [illegible] inmueble no se entendiera [illegible]

[illegible] inmueble [illegible]

[illegible]

[illegible]

[illegible] inmueble

[illegible]

[illegible] forme [illegible]

[illegible]

[illegible] se entiende [illegible]

inmueble [illegible]

[illegible]

[illegible]

[illegible]

[illegible]

[illegible]

[illegible]

[illegible]

[illegible]

[illegible]

[illegible]

[illegible]

[illegible] inmueble [illegible]

[illegible]

[illegible]

[illegible]

[illegible]

[illegible]

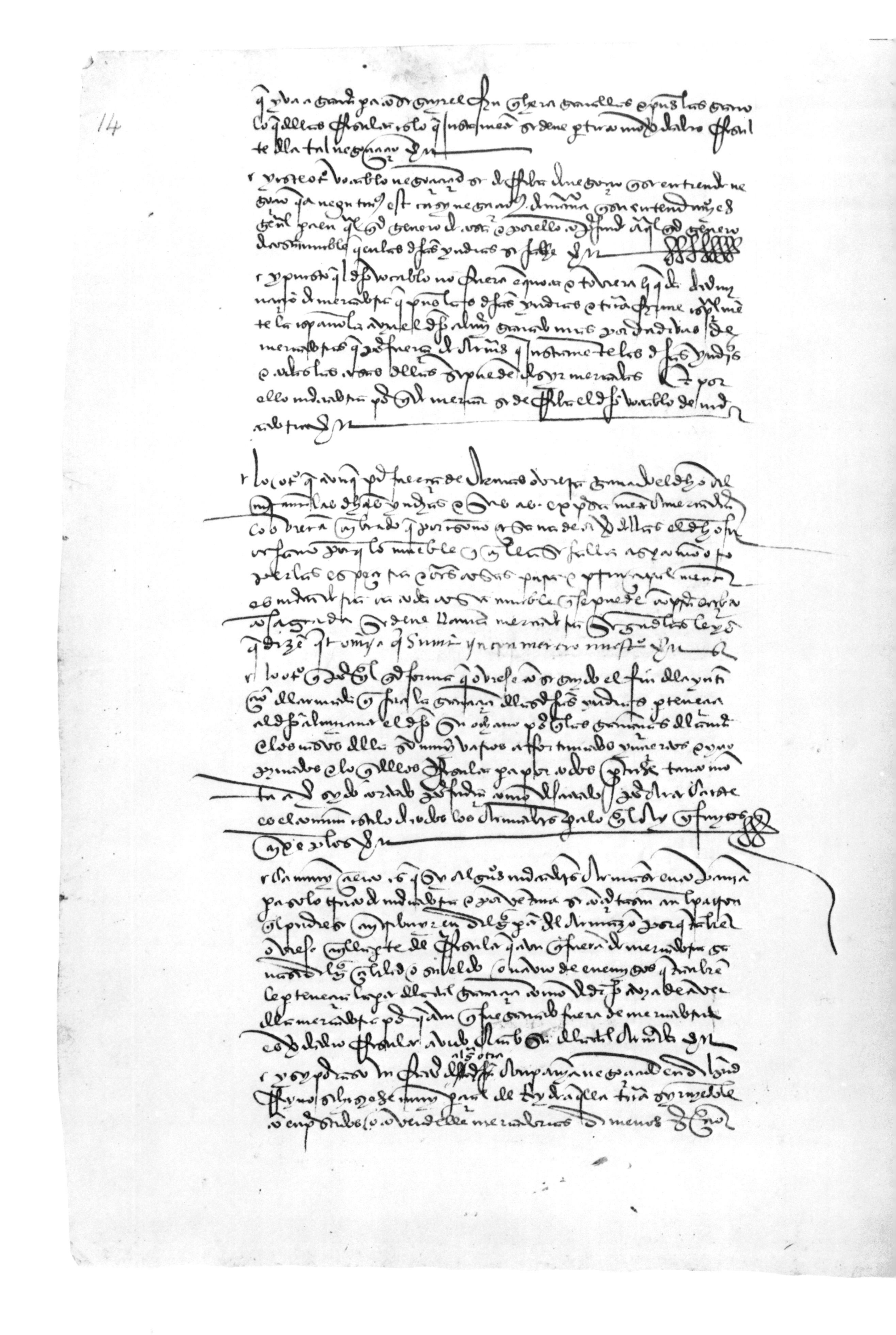

14

[illegible]

[illegible]

[illegible]

[illegible]

[illegible]

[illegible]

[illegible]

y por esto despues de asentada la casa de españa con los reyes por [illegible]
[illegible] del almirante le hiziese [illegible] dela [illegible] [illegible] de [illegible]
[illegible] enteramente como de verdadero [illegible] [illegible]
[illegible] dela [illegible] aunque ya [illegible] [illegible]
[illegible] por [illegible] [illegible]
leyes de los reyes de [illegible]

[illegible] por [illegible] [illegible] [illegible] lo [illegible]
[illegible] de una [illegible] de florencia que por [illegible]
[illegible] de castilla [illegible] [illegible]
[illegible]
[illegible] del [illegible] almirante [illegible]
[illegible] despues [illegible] [illegible]
[illegible]

[illegible] [illegible] [illegible]
[illegible] en el [illegible] del almirante [illegible]
[illegible] en los [illegible]
[illegible] mayor de [illegible]
[illegible]

[illegible] por [illegible] [illegible] [illegible]
[illegible] del almirante [illegible]
[illegible] no menos [illegible]
[illegible]
[illegible]
[illegible]
[illegible] el [illegible]
[illegible]
[illegible] en el [illegible]
en [illegible] de [illegible] [illegible]
[illegible] en [illegible] [illegible]
[illegible]

[illegible] por [illegible] [illegible] de [illegible]
[illegible] como los tiene el almirante [illegible]
[illegible]
en [illegible] y [illegible] [illegible]
[illegible]
[illegible] de una [illegible]
[illegible] en muy [illegible] en castilla [illegible]
[illegible]
[illegible] de genova [illegible]
[illegible] [illegible]
[illegible] por [illegible]
[illegible]

16

Habiendo descubierto D. Xpoval colon las yslas de
tierra firme en el mar Occeano. Le hacen varias mrs.
Cuya copia simple consta. Entre ellas es la del
officio de Almirante. Virrey del lo descubierto y que
se descubriere con todos derechos que mas
largamente aqui se contienen.

Papel extra ordinario. Numº

TRANSCRIPCIÓN / TRANSCRIPTION

[PAGE I]

La Capitulacion

Las cosas suplicadas & que Vuestras Altezas dan & otorgan a don Cristóbal Colón en alguna satisfación de lo que ha descubierto en las Mares Océanas & del viaje que agora con la ayuda de Dios ha de hazer por ellas en servicio de Vuestras Altezas son las que se siguen.

Primeramente que Vuestras Altezas como señores que son de las dichas Mares Océanas hazen dende agora al dicho don Cristóbal Colón su almirante en todas aquellas yslas & tierras firmes que por su mano y yndustria se descubrirán o ganarán en las dichas Mares Océanas para durante su vida & después del muerte a sus herederos & subcesores de uno en otro perpetuamente con todas aquellas preheminencias & perrogativas pertenecentes al tal oficio & segund que don Alonso Enríquez vuestro almirante mayor de Castilla & los otros precedesores en el dicho oficio lo tenían en sus distritos. Plaze a Sus Altezas. Juan de Coloma.

Otrosy que Vuestras Altezas hazen al dicho don Cristóbal su visorrey & governador general en todas las dichas yslas & otras [*sic*] firmas & yslas [*sic*] que como dicho es el descubriere o ganare en las dichas mares & que para el rregimiento de cada una o qualquier dellas haga eleción de tres personas para cada oficio & que Vuestras Altezas tomen & escogan uno él que más fuere su servicio & asy será mejor rregidas las tierras que Nuestro Señor le diera hallar & ganar a servicio de Vuestras Altezas. Plase a Sus Altezas. Juan de Coloma.

Yten. Que todas & qualesquier mercaderías syn quier sean piedras perlas preciosas oro plata especiería & otros qualesquier cosas & mercaderías de qualquier especie nombre & manera que sean que se compraren trocaren ganaren hallaren y ovieren dentro de los límites del dicho almirantadgo que dende agora hazen Vuestras Altezas merced al dicho don Cristóbal Colón & quieren que aya & lleve para sy la dézema parte de todo ello que tales cosas las costas que se hizieren en ello por manera que de lo que quedare linpio & libre aya & tome la décima parte para sy mesmo & haga de ella su voluntad quedando las otras nueve partes para Vuestras Altezas. Plaze a Sus Altezas. Juan de Coloma.

Otrosy que sy a cabsa de las mercaderías quel traerá de las dichas yslas & tierras que asy como dicho es se ganaren o descubrieren o de las que en troque de aquellas se tomaren acá de otros mercaderes naciere pleito alguno en el lugar donde dicho conmercio & trato se terná & hará & sy por la preheminencia de su oficio de almirante le perteneciera conocer del tal pleito plega a Vuestras Altezas que él o su teniente non otro juez conozca del tal pleito & asy lo provean dende agora. Plazen Sus Altezas sy pertence al dicho oficio de almirante segund que lo tenía el almirante don Alfonso Enríquez & los otros sus subcesores en sus distritos & seyendo justo. Juan de Coloma.

Yten. Que en todos los navíos que se armaren para el dicho trato & negociación cada & quanto & quantas veses se armaren que pueda el dicho don Cristóbal Colón sy quisyere contribuyr & proveer la ochava parte de todo lo que se gastare en el armazón y que tanbién aya & lieve del provecho la ochava parte de lo que rresultare de la tal armada. Plaze a Sus Altezas. Juan de Coloma.

[PAGE 2]

Son otorgadas & despachadas con las rrespuestas de Vuestras Altezas en fin de cada un capítulo en la villa de Santa Fe de La Vega de Granada a diez & syete días de abril año del nascimiento de nuestro señor Jesucristo de mill & quatrocientos & noventa & dos años. Yo el Rey. Yo la Reyna. Por mandado del Rey & de la Reyna. Juan de Coloma. Registrada. Calcena.

El Rey & la Reyna

Francisco de Soria lugarteniente de nuestro almirante mayor de Castilla. Nos vos mandamos que dedes & hagades dar a don Cristóbal Colón nuestro almirante del Mar Océano un treslado abtorizado en manera que haga fe de qualesquier cartas de merced & previllegio & confirmaciones quel dicho almirante de Castilla tiene del dicho cargo & oficio de almirante por donde él & otros por él tienen & cojan los derechos & otras cosas a ellos pertenecientes con el dicho cargo de que avemos fecho merced al dicho don Cristóbal Colón que aya & goze de las mercedes & honrras & perrogativas & libertades & derechos & salarios en el almirantadgo de las Yndias que ha & tiene & goze el dicho nuestro almirante en el almirantadgo de Castilla. Lo qual hased & cumplid luego como fuerdes rrequerido con esta nuestra carta syn que en ello pongáys escusa nin dilación algunas & sy asy non lo hizierdes nin cumplierdes mandamos al nuestro asystente & otras justicias de la cibdad de Sevilla que os compelan & apremien a lo asy faser & cumplir.

Traslado de unos capítulos del prevyllegio del señor almirante de Castilla & del señor almirante de las Yndias.

Tengo por bien que todas las ganancias quel dicho almirante mío oviere y hiziere en la mi flota & por la mar que aya yo las dos partes y el dicho almirante la tercia parte.

Y asy que todas las galeras que yo mandare armar syn flota para ganar que de la ganancia que oviere que aya yo las dos partes & el dicho almirante la tercia parte.

Asy tengo por bien & mando que todas las galeras y naos y galeotas y leños & otras fustas qualesquier que armaren a otras partes de que yo aya de aver el quinto que yo aya las dos partes de este dicho quinto y el dicho mi almirante la tercia parte dél.

Otrosy tengo por bien que cada qual dicho mi almirante hiziere armar por mi mandado que pueda sacar y saque quatro omes acusados de qualesquier maleficios porque de nuestra ser condepnados a muerte que están presos.

Qualesquier que fueren & vinieren en la dicha cibdad de Sevilla & otros puertos qualesquier de los mis rreynos & señoríos fletados & por fletar que puede el dicho mi almirante cargar la dicha por tercia parte en el o en ellos para sy segund el precio o precios que vinieren fletados o fletare.

Asy tengo por bien quel dicho mi almirante que aya el dicho almirantadgo & anclaja & juridición civil y criminal bien & cumplidamente en todos los puertos & lugares de los mis rreynos & señoríos.

Y defiendo firmemente que ninguno nin alguno no sean osados de yr nin pasar contra la dicha carta mía nin a las mercedes nin franquesas y libertades en este dicho previllegio contenidas nin tenga parte dellas agora nin de aquí adelante para se los quebrantar o menguar.

[PAGE 3]

Ningún nin algún dellas & qualquier o qualesquier que lo contrario hiziesen o contra ello o contra parte dello fuesen avrían la mi yra y pecharme y me enpena por cada vegada que contra ello fuesen o pasasen dos mill doblas castellanas de fino oro & de justo peso & al dicho mi almirante o a quien su boz toviese todos los daños & menoscabos que por ende recibiesen doblados y demás a los cuerpos y a lo que toviesen me tornaría por ello y mando a las dichas justicias y a cada una de vos en vuestros lugares & juridiciones aprendados en bienes de aquel o aquellos que contra ello & contra parte dello fueren o pasasen o quisieren yr & pasar por la dicha pena de las dichas mill doblas de cada uno por cada vegada & las guarden para hazer dellas lo que la mi merced fuese etc.

Otrosy que emendades & hagades enmendar al dicho my almirante o a quien la dicha su boz toviere de todos los dichos daños & menoscabos que para la dicha rasón recibiere doblados como dicha es.

Por quanto vos Cristóbal Colón vades por nuestro mandado a descubrir & ganar con ciertas fustas nuestras & con nuestra gente ciertas yslas & tierra firme en la Mar Océana etc.

En el segundo previllegio

Y es nuestra merced & voluntad que ayades & tengades vos & después de vuestros días vuestros fijos & decendientes & subcesores uno en pos de otro el dicho oficio de nuestro almirante del dicho Mar Océano que es nuestro que conviene por una raya & línea que nos avemos fecho marcar que pasa dende las yslas de los Azores a las yslas de Cabo Verde de septentrión en austro de polo a polo por manera que todo lo que es allende la dicha linea al ocidente es nuestro & nos pertenece & asy vos fazemos & creamos nuestro almirante & a vuestros hijos & subcesores uno en pos de otro de todo ello para syenpre jamás. Asymismo os hazemos nuestro visorrey & governador & después de vuestros días a vuestros fijos & subecsores & decendientes uno en pos de otro de las dichas yslas & tierras firmes descubiertas & por descubrir en el dicho Mar Océano en la parte de las Yndias como dicho es. E vos damos la posesión & casy posesión de todos los dichos oficios de almirante & visorrey & governador para syempre jamás & poder & facultad para que en las dichas mares podades usar & usedes el dicho oficio de nuestro almirante en todas las cosas & forma & manera & con las preheminencias & perrogativas & derechos & salarios segund & como lo usaron & usan & gozaron & gozan los nuestros almirantes de las mares de Castilla & de León & para en la tierra de las dichas yslas & tierra firme que son descubiertas & se descubrieren de aquí adelante en la dicha Mar Océana a la parte de las Yndias etc.

[PAGE 4]

El Rey y la Reyna

Por quanto en la capitulación & asiento que por nuestro mandado se hizo & tomó con vos don Cristóbal Colón nuestro almirante del Mar Océano en la parte de las Yndias se contiene que vos ayáis de aver cierta parte de lo que se oviere & truxere de las dichas Yndias sacando primeramente los gastos & costas que en ello se oviere hecho o hizieren como mas largamente en la dicha capitulación se contiene.

E porque hasta agora vos avéis trabajado mucho en descubrir tierra en la dicha parte de las Yndias de cuya cabsa non se ha avido mucho ynterese dellas aunque se an fecho algunas cosas & gastos & porque nuestra merced & voluntad es de vos haser merced por la presente queremos & mandamos que las cosas & gastos que hasta aquí se han fecho en los negocios tocantes a las dichas Yndias y se hizieren en este viaje que agora mandamos faser & armar para las dichas Yndias hasta que sean llegados a la Ysla Ysabela Española que no se os demande cosa alguna della nin vos seáis obligado a contribuir cosa alguna en ellas demás de lo que posystes al tiempo del primer viaje con tanto que vos no pidéis nin llevéis cosa alguna de lo que hasta aquí se ha traydo de las dichas yslas por razón del diezmo nin del ochavo que vos el dicho almirante avéis de aver de las cosas muebles de las dichas yslas nin por otra razón alguna de lo que avéis avido hasta que vos hazemos merced.

E porque vos el dicho almirante dezis que de lo que de aquí adelante se oviere de las dichas yslas se an de sacar primeramente el ochavo & de lo que rrestare se han de sacar las costas & después el diezmo.

E porque por la horden & tenor de la dicha capitulación parece que se deve sacar primero las costas & después el diezmo & después el ochavo & no está por agora averiguado como esto se ha de faser, es nuestra merced por hacer merced a vos el dicho almirante que por tres años se saquen primeros el ochavo para vos syn cosa alguna y después se saquen las costas & de lo que rrestare se saque el diezmo para vos el dicho almirante pero pasado el dicho tienpo que se aya de sacar el dicho diezmo & las costas & ochavo segund en la dicha capitulación se contiene.

E que por esta merced que vos hazemos por el dicho tienpo no se os de nin quite mas derecho del que tenéis por virtud de la dicha capitulación antes aquella quede en su fuerza & vigor para adelante pasado el dicho tienpo.

Fecho en la villa de Medina del Campo a doze días de junio de noventa & siete años. Yo el Rey. Yo la Reyna. Por mandado del Rey & de la Reyna. Fernand Alvares. En las espaldas desta carta: Acordada.

Este es traslado de un capítulo de una carta que Su Alteza mandó escrevir al señor almirante al tiempo de su partida del viaje donde agora viene.

[PAGE 5]

Quanto a lo otro contenido en vuestros memoriales & letras tocante a vos & a vuestros hijos & hermanos porque como vedes a cabsa que nos estamos en camino & vos de partida no se puede entender en ello hasta que paremos de asyento en alguna parte & sy esto oviesedes de esperar se perdera el viage a que agora váis por esto es mejor que pues de todo lo necesario para vuestro viaje estáis despachado vos partáis luego syn detenimiento alguno & quede a vuestro fijo el cargo de solicitar lo contenido en los dichos memoriales & tened por cierto que de vuestra presión nos peso mucho & bien lo vistes vos & lo conocieron todos claramente pues que luego que lo sopimos lo mandamos rremediar & sabéis el favor con que vos avemos mandado tratar syempre.

E agora estamos mucho mas en vos honrrar & tratar bien & las mercedes que vos tenemos fechas vos seran guardadas enteramente segund forma & tenor de nuestros previllegios que de ellas tenéis syn yr en cosa contra ellas & vos & vuestros fijos gozaréis dellas como es rrazón.

E sy necesario fuere confirmarlas de nuevo las confirmaremos & a vuestro hijo mandaremos poner en la posesión de todo ello y en mas que esto tenemos voluntad de vos honrrar & hazer mercedes.

E de vuestros hijos & hermanos nos tenemos el cuydado que es rrazón y todo esto se podrá hazer yendo vos en buena ora & quedando el cargo a vuestro hijo como está dicho.

Otrosy vos rrogamos que en vuestra partida no aya dilación.

De Valencia de la Torre catorze días de marzo de quinientos & dos años.

Lo que pertenesce al almirante visorrey & governador de las Yndias por el Rey & la Reyna nuestros señores.

Muy claro parece por la capitulación fecha con Sus Altezas & firmada de sus rreales manos & nombres que Sus Altezas ortogan & conceden al dicho almirante de las Yndias todas las preheminencias & perrogativas que ha & tiene el almirante de Castilla al qual por su servicio parece pertenecerle la tercia parte de todo lo que ganare & seguir conseguiente el almirante de las Yndias debe aver la tercia parte de todo lo que ha ganado de las Yndias & Tierra Firme que ha descubierto & quedan por descubrir porque *rrelatum me est in referente* y tanbién ha de aver el diezmo & ochavo como parece en el tercio & en este capítulo de la dicha capitulación.

Y sy alguno quisyere arguyr que la tercia parte concedida al almirante de Castilla se deve de entender de lo mueble que ganare por la mar y que por ser las dichas yslas & Tierra Firme que aunque sean ganadas por la mar non pertenesce el tercio de ellas al dicho almirante por ser tierra ymutable.

[PAGE 6]

A esto rresponde el dicho almirante & dize que se deve mirar que por la dicha capitulación el dicho almirante de Castilla es nonbrado almirante de la mar. Por la qual cabsa le es otorgada la tercia parte de lo que gane por la mar porque en otra parte no le es dado juredición nin oficio & fuera mucho ynconvinyente & cosa no rrazonable dalle parte fuera de su oficio como se dize *quia propter offitium etc.* Porque el beneficio ha & deve aver rrespeto al oficio & no fuera dello porque almirante de Castilla ha sydo constituydo & nonbrado segund el thenor de la dicha capitulación por almirante no de la mar mas expresa & señaladamente de las Yndias & Tierra Firme descubiertas & por descubrir en el Mar Océano. Por lo qual muy justamente le pertenece la tercia parte de las dichas yslas & tierra firme que ha ganado executando & usando de su oficio de almirante & asy se deve entender & ynterpretar el previllejio del dicho almirante de Castilla & el capítulo que dél se rrefiere ca muy manifiesta es que toda cosa se deve entender *secundum subjectam materiam & secundum qualitatem personarum.* Y dándole otra ynteligencia no servía nada el dicho prevyllegio & capítulo al dicho almirante de las Yndias porque llevando el tercio de las dichas Yndias de donde el es almirante & no seyendo constituydo almirante de la mar no podría tener poco llevar de lo que ganase por la mar por ser fuera de su juredición y oficio de manera que no aprovecharía nada el dicho capítulo & constitución.

Y tal cosa no es de dezir porque cada palabra puesta en un contrato deve obrar & non deve ser ynterpetrada superfluamente.

Quanto más en este caso de tanta ymportancia & utilidad & gloria de Su Alteza avida con muy poca costa & syn ningund peligro de honra nin de personas nin de bienes & con grandísymo peligro como para común opinión de la vida & no syn mucha costa del dicho almirante por la qual rrazón sería rrepartido por muy poca cosa solamente la décima parte no haziendo myncíón de la ochava porque aquella le pertenece por rrespecto de la cosa de su rrata parte.

E muy poca parte sería para tan grand servicio tan pequeña merced & bien vyene a propósito lo que dizen las sagradas leyes *quia benefitia principum sunt latissime interpretanda.*

Y pues las mercedes fechas por los príncipes se deven entender amplísimas & muy cumplidas mayormente de los príncipes excelentísimos & altos como Sus Altezas de quien más que de otros ningunos se esperan amplísimas mercedes.

Y por esto la dicha tercia parte aunque paresce minimal & pertenesce al dicho almirante ca vemos que en las conpañías que entre mercaderes se hazen que en tanto guardo es rreputada y tenida la yndustria & aviso de un compañero & tanta parte le pertenesce como al otro que puso dineros sy por cabsa de

[PAGE 7]

aquella aún de los mesmos dineros del otro rresulta la ganancia quanto más en este caso del almirante el qual ha obrado yndustria admirable & yncreyble & con grand costa & peligro de su persona & de sus bienes & criados por lo qual tanto más de rrazón ha de aver el tercio de todo como verdaderamente fue la yntención de Sus Altezas & que esto sea verdad veamos que Sus Altezas dan a los que van a las Yndias de las seis partes las cinco & a los que menos de las cinco partes las quatro & governación de tierra syn ningund peligro abierto el camino & asegurado & aclarado a todos.

Y para confirmación de lo que digo como se contiene en muchos previlejos de almirante de las Yndias el dicho almirante fue por mandado de Sus Altezas a ganar non naos nin fustas nin cosa alguna de la mar mas expresamente yslas & tierra firme como señaladamente se dize en el previlejo que más se puede desir merced en honze hojas en fin de la hoja & principio del previllejo en que dize asy "Y porque vos Cristóbal Colón vades por nuestro mandado a descubrir yslas & tierra firme etc."

Y pues asy la ganancia avía de ser yslas & tierra firme necesidad es que la tercia parte sea de la ganancia & seyendo el tercio de la ganancia notoria cosa es que el tercio de las yslas & tierra firme ganadas pertenece al dicho almirante & syn dubda se deve creer & sy al principio oviera pedido el dicho almirante mayor parte le fuera otorgada seyendo todo de su ganancia & de cosa que no avía ninguna esperanza nin noticia & cosa que sera fuera de la memoria & señorío de Sus Altezas asy que cumplida & claramente se responde a los que ante esto dixieren y justa & claramente parece pertenecer la tercia parte de las dichas Yndias & Tierra Firme al dicho almirante.

Y porque el diezmo es clarísimo acerca del ochavo el qual aunque tanbién es muy claro asy contra él se dixiesen que no ha de aver el dicho ochavo de las mercaderías y cosas llevadas & traydas en los navíos que han ydo a descubrir & los que fueron a las perlas & a otras partes de su almirantadgo en tanto que él estava en la Ysla Española en servicio de Sus Altezas diziendo que no contribuyó el dicho almirante en el armasón della. Responde que a él no se le notificó la yda de tales navíos nin al tienpo de la partida fue rrequerido nin havisado. Y por esto como *de jure* al ynorante que pueda pretender ynorancia de algund fecho no le corre tienpo mas antes la ynorancia syn ninguna dubda da ligítima escusación & antes

[PAGE 8]

rrestitución por entero & asy se deve deduzir por este caso quel almirante satisfaze ofreciéndose a contribuyr por su parte al presente nin puede ser el culpado mas antes los que no le han notificado lo que heran obligados.

Declaración de lo que pertenece & por pertenecer puede & deve al señor almirante de las Yndias por virtud de la capitulación & asyento que con Sus Altezas hiso que es el título & derecho que tiene el dicho almirante & sus descendientes a las yslas & tierra firme del Mar Océano es este que se sigue:

El primer capítulo

Primeramente por el primer capítulo Sus Altezas le hizieron su almirante de las yslas & tierra firme descubiertas & por descubrir en el Mar Océano con las preheminencias & segund & en la manera que el almirante de la mar de Castilla ha & tiene su almirantadgo en su distrito.

Para declaración de esto es de notar que el almirante de Castilla tiene por su previllegio la tercia parte de lo que se gana o él ganare en la mar porque por esta rrasón el almirante de Yndias deve aver la tercia parte de ellas & de lo que en ellas se gana.

E puesto que el almirante de Castilla no aya el tercio salvo de lo que se gana por la mar de donde él es almirante, el almirante de las Yndias deve aver el tercio de ellas & de todo lo que por tierra en ellas se gana & la rrasón es porque Sus Altezas yslas & tierra firme le mandaron ganar & de ellas señaladamente titularon almirante & de ellas deve aver el galardón como quien es el almirante & con mucho peligro contra la opinión de todo el mundo las ganó.

Capítulo segundo

Por el segundo capítulo Sus Altezas le hisieron su visorrey & governador general de todas las dichas yslas & tierra firme con facultad que oviese todos los oficios que pertenecen a la governación excebto que de tres Sus Altezas pudiesen nonbrar el uno & después Sus Altezas le hisieron nueva merced de los dichos oficios en los años de noventa & dos & noventa & tres por prevyllegio otorgado syn la dicha condición. La declaración desto es que al dicho almirante pertenecen los dichos oficios de visorrey & governador con facultad de poner todos los oficiales en los oficios & magistratos de las dichas Yndias porque Sus Altezas en galardón & casi pago de su trabajo & costa que el dicho almirante fizo en descubrir & ganar las dichas Yndias le hizieron merced de los dichos oficios & governación con la dicha facultad.

[PAGE 9]

Ca muy cierta cosa es en el principio que el dicho almirante no se dispusyera nin persona alguna se oviera dispuesto a tanto rriesgo & aventura syn el galardón & pago de tal enpresa Sus Altezas no le otorgaron los dichos oficios y governación.

Los quales Sus Altezas justamente le otorgaron porque fuese de aquello con que tan señalado servicio les hazían el dicho almirante antes que otra aprovechado honrrado & sublimado. Ca muy poca honrra o casi ninguna recibiera el dicho almirante aunque otro pago oviera sy en aquella tierra por él con tanta pena ganada Sus Altezas pusieran otro superior pues por tan justas cabsas fue de ellos proveydo justamente pertenecen al dicho almirante los dichos oficios & governación.

Y porque agora el dicho almirante estando pacíficamente en servicio de Sus Altezas exercitando los dichos oficios en las dichas Yndias le desapoderaron de la posesión de ellos [yn] justamente & contra toda rrazón y derecho syn ser llamado nin oydo nin vencido de lo qual dize que rrecibió el dicho almirante grandísimo agravio y grand desonor en su persona & menoscabo en sus bienes y segund el dicho capítulo claramente parece por las rrazones siguientes.

Porque el dicho almirante no pudo ser despojado nin desapoderado de los dichos sus oficios pues nunca cometió nin hizo ningund caso contra Sus Altezas porque de derecho deviese perder sus bienes. Y puesto cabsa oviera lo que Dios no quiera que primero avía de ser el dicho almirante citado & llamado & oydo & vencido por derecho. Y en desapoderarle syn justa cabsa grande agravio rrecibió el dicho almirante & grand enjusticia se le fiso. Y aún de derecho Sus Altezas no lo podía haser.

Porque Sus Altezas le dieron los dichos oficios & governación de la dicha tierra en satisfazión del servicio & contra aquel dicho almirante fiso en ganalla todo con seguro justo ynterese & perpertuo título a los dichos oficios y pues ynjustamente fue desapoderado de ellos el dicho almirante ante de todas cosas deve rrestituydo ser en los dichos sus oficios & en su honra & estado.

[PAGE 10]

En quanto al daño que ha rrecibido que el dicho almirante dize que es en grand cantidad porque con su yndustria de cada día hallava & descubría en las dichas Yndias mucho oro perlas y especería & otras cosas de grand valor que el dicho almirante faga juramiento & declare la cantidad de ynterese. Y aquello de derecho le deve ser satisfecho.

La satisfación de esto le deve hazer aquel que ynjustamente le desapoderó de todos los dichos sus bienes porque aquel segund ley divina & humana como quien traspasó los límites del poder de Sus Altezas es obligado a ello.

Y tanto mas presto le deve ser fecho la satisfación & rreintegración de los dichos oficios bienes & honrra al dicho almirante que tanto menos justicia ovo para ser de ellos despojado.

Ca muy yncreyble cosa & no dina de creer es que ayan por bueno Sus Altezas que un varón tan yndustrioso que de tan longísyma tierra vino a hazer tan señalado & alto servicio a Sus Altezas como hiso con su yndustria & persona porque mereció ser dino de muy mayor felicidad fuese por cabsa de ynbidiosos & malicias del todo punto destruydo.

Deviendo estar de rrazón tanto junto en amor de Sus Altezas & tan asentado en sus magnánimas entrañas que el dicho almirante & todo el mundo creya que ningunos detradores le pudieran hazer ageno del merecimiento de grandes mercedes quanto más yndinar el corazón de Sus Altezas para le hazer perder lo que tan servido & merecido tenía aunque de cada día el dicho almirante esperava mucho servir & servía a sus Altezas procurando con su yndustria el provecho presente de las dichas Yndias & governando con sus oficios para la poblazión & abmentación de ellas.

Lo qual otro alguno no hiziera nin hará porque demás de aver lo desamparado sy el no governara en el tienpo rremoto los que agora governaren con codicia de se aprovechar durante su governación no proveerán en lo porvenir como el dicho almirante a quien tocaría el ynterese perpetuo que con esperanza de la honrra & provecho adevenidero después de aver bien rregido & conservando los Yndios que es la rriqueza de aquella tierra & rreformando & sojuzgado el señorio de ella no tenía en nada lo del tienpo de agora.

El tercero capítulo

Por el tercero capítulo Sus Altezas le fizieron merced de la dézima parte de todo lo que se comprase fallase & oviese dentro de los dichos límites del dicho almirantadgo sacando las costas.

[PAGE 11]

Esto se entiende de manera que el dicho almirante ha de haver el dézimo de lo que se oviere & hallare en las dichas Yndias & Terra Firme del Mar Océano por qualesquier personas de todo juntamente aora sea para provecho de Sus Altezas o de otros qualesquier personas por merced que de ello o de parte de ello les aya fecho sacando las costas que las tales personas o Sus Altezes en ello hizieren.

Y Sus Altezas de justicia en perjuyzio del dicho diezmo no pueden hacer merced de todo nin de parte alguna del provecho de las dichas Yndias syn que primeramente aya de pagar & pague de ello enteramente el dicho diezmo al dicho almirante.

Ca por hacer Sus Altezas las tales mercedes desfazen o menoscaban la que ya tienen fecha al dicho almirante & dexan muy diminuida o desmembrada su devida satisfación. Porque la merced fecha al dicho almirante del dicho diezmo fue antes primeramente en las dichas Yndias descubriesen y dado

& otorgado para ayuda al galardón y pago que por tal servicio merecía & por ello el dicho diezmo es ramo principal de su líquido ynterese.

Y aún si Sus Altezas por concierto o condición o en otra qualquier manera dieren la meytad o otra qualquier parte a qualesquier personas que se dispusieren al trabajo y costa del tal provecho tanbién deve aver el dicho almirante el diezmo de lo que resultare & no se consumiere de la parte de las tales personas como del principal de Sus Altezas pues lo uno & lo otro es verdadera principal ganancia y resulta de las Yndias de su almirantadgo.

Quarto capítulo

Por el quarto capítulo Sus Altezas concedieron al dicho almirante la juridición civil y criminal de qualesquier pleytos tocantes a las dichas Yndias y que pudiese conocer de ellos acá en las partes y lugares donde conprehende la juridición del almirante de Castilla seyendo justo.

Para la declaración de la justicia que tiene el dicho almirante dize que a él pertenesce el dicho juzgado por ser una de las principales prehemencias y casy brazo del cuerpo de su almirantadgo syn el qual a grand pena se podría señorear el dicho almirantadgo antes quedaría yermo porque el dicho juzgado es el principal esfuerzo que honrra anima y sostiene todas las otras partes del cuerpo del dicho almirantadgo.

Y que le pertenece el tal conocimiento en los puertos & abras de acá bien asy como las mismas yslas y tierra firme de donde él es almirante porque sy en el tronco de allá solamente toviese el dicho juzgado syn comprehender acá las cabsas emanantes,

[PAGE 12]

que por ser los contrayentes naturales desta tierra en todo el trato y negociación de ella que su juredición casy sería ninguna porque los que van a las dichas Yndias van para solamente negociar y acá quedan las ligaturas de las compañías y posturas que de buelta engendran los pleitos, [seyendo las cabsas de los tales pleitos] de las que desvaran de la negociación y trato que tovieron dentro en su almirantadgo.

Lo otro que aunque el dicho capítulo non oviera en que expresamente se fisiera mención del dicho juzgado que [a] la ora que Sus Altesas establecieron el dicho oficio de almirantadgo hizieron de la merced al dicho almirante con las mesmas preheminencias del almirantadgo de Castilla que conjuntamente al dicho almirantamiento le avían fecho merced del dicho juzgado con la dicha conprehensión por que el almirante de la mar de Castilla tiene por principal preheminencia del almirantadgo el juzgado de todos los pleitos civiles & criminales a él tocantes que conprehende en todos los puertos & abras desta tierra aunque son fuera de su almirantadgo.

En quanto a ser justamente de el proveyhdo dize el dicho almirante que Sus Altezas justamente le pudieron de él proveer como reyes & señores soberanos que para todo tienen poder absoluto a quien solamente pertenecía la tal provision.

Y Sus Altezas en proveer el dicho almirante del dicho oficio con la dicha comprehensión no hizieron agravio a persona alguna nin les toca ynterese por ser al dicho su almirantamiento & juzgado de yslas & tierras donde es ynstituydo nueva y milagrosamente halladas conjuntas y traydas al señorío de Castilla.

Lo otro que los pleitos emanantes del dicho almirantadgo a cabsa de la grand distancia &

apartamiento de la tierra donde es ynstituydo & por dar muy alongada de do confluyen los mareantes de esta tierra serán muy agenos dividos y apartados de los pleitos acá tocantes & en apartar & dividir el conocimiento dellos no se sigue a ninguna juridición agravio.

Y pues Sus Altezas syn agravio de persona alguna y con poder soberano justamente proveyeron es muy cierto que en la tal provisión no yntervinó ynjusticia ca dos contrarios naturalmente no pueden señorear un sujebto antes tanto rehuyen y se enagen an de consentir ninguna cosa que por la especie del uno venimos en conocimiento de la calidad del otro. De donde se concluye que la dicha provisión es justa.

Y aún de la persona del dicho almirante procede ser justa la dicha provisión porque segund la calidad de las dichas yslas y adelantes a todo el mundo y notables de necesydad se avía de poner acá juez de cierta esperiencia para dar justicia suya pues quien las avría más esperimentado nin ternya más cierto conocimiento de la calidad de los pleitos de ellas que el tal almirante que continuamente en ellas ha rresydido & milagrosamente con su mucha sotileza & ciencia de la mar corriendo mucho peligro del mismo mar las sacó.

[PAGE 13]

Quinto capítulo

Por el quinto capítulo Sus Altezas concedan al dicho almirante que pueda contribuyr en la ochava parte de qualesquier armadas que se hagan para el trato & negociación de las yslas & tierra firme de su almirantadgo & que está bien aya la ochava parte de lo que rresultare de la tal armazón.

El verdadero entendimiento es que el dicho almirante deve aver el ochavo de qualesquier cosas que en qualquier manera en las dichas Yndias se haga aora sea para provecho de Sus Altezas o de otros qualesquier personas sacando lo ochavo de la costa de ellos rrata.

Porque en la primera armada de que rresultó las dichas Yndias es a saber la ganancia que de ellas procede el dicho almirante contribuyó en su ochava parte y aún cerca de la mitad de la costa de donde consyguió perpetuo título al dicho ochavo por ser el resulto de la dicha armada sempiterno.

Lo otro que pues al principio señaladamente yva a ganar yslas & tierra firme que es cosa ynmutable no se entendiera poder traer ganancia para aver de ella el ochavo si por lo muebles de ello como verdadero rresulta & fin de la tal armazón no fuera entendido.

E aunque el dicho almirante de la primera armada no truxo lo mueble de las dichas Yndias que hera el rresulto & ganancia de ello que pues él metió las dichas yslas & tierra firme debaxo del poder de Sus Altesas & allá pacíficamente como cuyas las dexó que él mesmo se entiende aver apoderado & dado a Sus Altesas todo lo mueble de ellas que en ellas a la sazón y en qualquier tienpo se oviese pues quietamente dende en adelante podrían enbiar Sus Altezas por todo ello como por cosa suya a quien quisiese.

Lo otro que puesto que por contribuyr en la primera armada no oviera el dicho almirante conseguido perpetuo derecho al dicho ochavo que pues Sus Altezas forzosamente han de armar para gozar de las armadas de las dichas Yndias que de justicia no la puedan vedar que lo contribuyr en la costa de ellas & llevar el ochavo del rresulte y porque las armadas han de ser contínuas por ser el rresulte de las Yndias perpetuo que perpetuamente le pertenece el ochavo.

Y asta que se diga que solamente del rresulto de mercadería le pertenece el tal ochavo porque dize en el capítulo del trato & negociación que diz que se entiende mercadería la verdad es que generalmente pertenece al dicho almirante el dicho ochavo de todo el mueble de las dichas Yndias porque los dichos vocablos 'trato' 'negociación' conprehende todo género de cosa que en qualquier manera & tienpo se aya.

Ca el dicho vocablo 'trato' es astucia o la diligencia que se pone para conseguir el fin de la negociación & finalmente el trato o modo de que el dicho almirante avía de tener con los poseedores de las dichas Yndias

[PAGE 14]

que yva a ganar para conseguir el fin que hera ganarlas & pues las ganó lo que de ellas rresulta es lo que justamente se deve partir como verdadero rresulte de la tal negociación.

Y este otro vocablo 'negociar' es derriba de 'negocio' que se entiende 'neg ocio' *quia negotium est quasi nega otium*, de manera que su entendimiento es general para en qualquier género de cosa & por ello conprehende a qualquier género de cosa mueble que en las dichas Yndias se halle.

Y puesto que el dicho vocablo no fuera equívoca & toviera líquida determinación de mercadería que pues las dichas Yndias & Tierra Firme especialmente La Española avía el dicho almirante ganado mas por dádivas de mercaderías que por fuerza de armas que justamente las dichas Yndias & todas las cosas de ellas se pueden desir mercadas & por ello mercadería porque de mercar se derriba el dicho vocablo 'de mercadería'.

Lo otro que aunque por fuerza de armas oviera ganado el dicho almirante las dichas Yndias & Sus Altezas expresamente & mercadamente lo ovieran enbiado que por eso no cesava de aver de ellas el dicho su ochavo porque lo mueble que en ella se halla asy como oro perlas especiería & otras cosas pura & principalmente es mercadería ca toda cosa mueble que se puede conprar ezebto consagrada se deve llamar mercadería segund las leyes que dizen que *quod omnia quia sunt in commertio nuestro* [*sic*].

Lo otro que por qualquier forma que oviese conseguido el fin de la yntención de la armada que sea la ganancia de las dichas Yndias pertenece al dicho almirante el dicho su ochavo porque las ganancias de la mar & los casos de ella son muy varios afortunados y muertos & ynopinados & lo que de ellos rresulta para por todos partase tanto monta aver sydo cortado por fuerza como desatado por arte ca este es el común estilo de todos los armadores para lo qual ay ynfinitos enxenplos.

Ca muy cierto es que sy algunos mercaderes armasen en compañía para solo trato de mercadería & por ventura se concertasen con el patrón que el pudiese contribuyr en alguna parte del armazón porque tanbién oviese en ella parte del resulte que aunque fuera de mercadería ganase algund cibdad o sueldo o navío de enemigos que tanbién le pertenece la parte de la tal ganancia como de derecho avía de aver de la mercadería porque aunque fue ganado fuera de mercadería es verdadero rresulte avido a cabsa de la tal armada.

Y sy por caso un fator de algún otra compañía negociado en algund reyno se hisiese muy parcial del rrey de aquella tierra syrviéndole con enpréstidos o con vendelle mercaderías a menos precio.

[PAGE 15]

Y por caso después de desatada la compañía aquel rrey por contemplación del amistad le hiziese a él merced de alguna cosa es obligado a partir con sus compañeros enteramente como de verdadero rresulte convido a cabsa de la tal conpañía aunque ya oviese grand tienpo que fuese desligada porque en toda parte asy se judga & asy lo disponen las leyes de estos rreynos de Sus Altesas.

Y en Portugal ha muy poco que acaeció lo semejante a un Florentin fator de una grand compañía de Florencia que por aver mucho servido al rrey de aquella tierra con enpréstidos & otras cosas de sus mercaderías fue constreñido a dar parte a sus conpañeros de una merced que el rrey le fiso por contenplación del amistad a él propio después de desatada y dada cuenta & desligada la compañía como verdadero rresulte emanante de ella.

Y aún aquel patrón Lercar a quien Sus Altezas le hisieron merced por contemplación del servicio que les fiso en el pasaje del archiduquesa y en alguna satisfación de la carraca que perdió en los vancos fue en Génova constreñido a dar parte a sus compañeros como de rresulte verdadero & solamente le quedó lo que le pertenecía como patrón por rrata. Y aún sy por caso a un hijo se hase una donación por algund grand amigo de su padre aunque todas las otras dádivas se atribuyan al peculio ne menos esta se deve asygnar a peculio *profetitio* porque el fin procede del padre & otras muchas cosas continuamente acaecen que al propósito se podrían desir pero dexando aquello baste que todo lo susodicho se colige que al dicho almirante pertenece justamente el tercio de las dichas yslas & tierra firme & ochavo & diezmo de todas las cosas muebles que en ellas & dentro de su almirantadgo en qualquier tienpo & por qualesquier personas & en qualquier manera se halle como de verdadero rresulte de la dicha su primera armada aunque en las otras no aya contribuydo porque tocante a esto harto se ha dicho en otro escrito. Quedara por dezir a Vuestras Altezas que hizieron merced al almirante de todos los oficios como los tiene el almirante de la mar de Castilla & que él podría dar el alguaziladgo & escrivanías o mandallo servir en su nonbre y pues esto es asy que tanbién los podrá arrendar & llevar la rrenta asy como lleva un cavallero a quien Vuestras Altezas aya fecho merced de una tenencia o de un oficio como se use en muy mucho en Castilla que ellos se llevan la rrenta & hazen servir el dicho cargo a uno suyo o se concerta con una persona & le dan una cierta parte de la rrenta & asy lo suplica a Sus Altezas que le desagraven & le dexen usar de sus oficios & rrecibir el beneficio pues que asy fue por capitulación & merced.

[PAGE 16]

[*archivist's description, in nineteenth-century hand*]
Habiendo descubierto D. Cristóbal Colón las islas de tierra firme en el Mar Océano le hacen varias mercedes cuya copia simple es esta & entre ella les hallen el officio de almirante y virrey de el descubierto y que fuere descubriendo con mas otros derechos que mas largamente aquí se contienen.

Papel extraordinario num°

Capitulación del almirante
50 [crossed out]
lv
xxxviii

EL TEXTO EN ESPAÑOL MODERNO

[PÁGINA I]

La Capitulación[1]

Las cosas solicitadas y que Vuestras Altezas dan y otorgan a don Cristóbal Colón en parcial satisfacción por lo que ha descubierto en las Mares Océanas y por lo que descubrirá en el viaje que hará ahora, con la ayuda de Dios, en las mismas mares al servicio de Vuestras Altezas, son las siguientes:

Primero, que Vuestras Altezas como señores que son de las dichas Mares Océanas hacen desde ahora al dicho don Cristóbal Colón su Almirante en todas aquellas islas y tierras firmes, que por su mano e industria sean descubiertas o adquiridas en las mencionadas Mares Océanas, durante toda su vida y después de su muerte a sus herederos y sucesores de uno a otro perpetuamente con todas aquellas preeminencias y prerrogativas pertenecientes a dicho oficio, al igual que don Alonso Enríquez,[2] vuestro Almirante Mayor de Castilla, y otros predecesores en el mencionado oficio en sus distritos. Place a sus Altezas. Juan de Coloma.[3]

Tambien hacen Vuestras Altezas al dicho don Cristóbal su Virrey y Gobernador General en todas las islas mencionadas y en todos los continentes e islas que por él sean descubiertas y adquiridas en los mares. Para el gobierno de cada una y cualquiera de ellas, nombrará tres personas para cada oficio y Vuestras Altezas escogerán entre ellos a quien fuere mas conveniente para su servicio, de esta forma las tierras que Dios le permitió encontrar y ganar, serán mejor gobernadas para el servicio de Vuestras Altezas. Place a sus Altezas. Juan de Coloma.

Desean que tome para sí un décimo de todas y cada una de las mercancías, fueren estas piedras preciosas, oro, plata, especias y cualquier otro objeto de cualquier clase, nombre o tipo, que fuese comprado, intercambiado, encontrado, adquirido y obtenido dentro de los límites del Almirantazgo que Vuestras Altezas otorgan al dicho don Cristóbal Colón, descontando los costos incurridos, de forma tal que de lo que queda claro y libre, pueda disponer de un décimo para sí y haga con ello lo que le plazca, dejando las otras nueve partes para Vuestras Altezas. Place a Vuestras Altezas. Juan de Coloma.

Si se presentare pleito alguno a causa de las mercancías que traiga de las mencionadas islas y tierras descubiertas o adquiridas o a causa de las mercancías intercambiadas con otros mercaderes en aquellos lugares en los que se realice este comercio y si el reconocimiento de dicho pleito a él pertenece, merced al privilegio que le otorga su cargo de Almirante, place a Vuestras Altezas que él o su teniente, y no otro juez, tomen conocimiento de dicho pleito y lo juzguen desde ahora. Place a Vuestras Altezas, si ello pertenece al cargo de Almirante del mismo modo que a don Alfonso Enríquez y sus otros sucesores en sus distritos y si es justo. Juan de Coloma.

1. Este documento es copia del texto completo de las Capitulaciones de Santa Fe, firmado por los monarcas el 17 de abril de 1492. Ver documento 1/12 en el *Libro de los Privilegios*.

2. El rey Enrique III nombró a su primo Alfonso Enríquez como Almirante Mayor de Castilla en 1405. Esta fue la primera ocasión en la que los monarcas de Castilla hicieron del oficio de Almirante una posesión hereditaria.

3. Juan de Coloma nació en Borja, cerca de Valencia, y murió en Zaragoza en 1517. Coloma era el secretario principal del Rey Juan II de Aragón desde 1462 y del Rey Fernando desde 1479.

En todos los navíos que se armaren para dicho comercio, siempre y cuandoquiera se armaren, don Cristóbal Colón, si así quisiere, puede contribuir y pagar un octavo de todo lo que se gastare en la armazón y que también reciba y guarde un octavo de las ganancias que resulten de dicha armada. Place a Sus Altezas. Juan de Coloma.

[PÁGINA 2]

Son otorgadas y despachadas con las respuestas de Vuestras Altezas al final de cada capítulo, en la ciudad de Santa Fe de la Vega de Granada, a los diez y siete días de abril del año de nuestro señor Jesucristo de mil cuatrocientos noventa y dos. Yo, el Rey. Yo, la Reina. Por mandato del Rey y de la Reina. Juan de Coloma. Registrada. Calcena.[4]

El Rey y la Reina[5]

Francisco de Soria lugarteniente de nuestro Almirante Mayor de Castilla: Nos os mandamos que deis y hagáis dar a don Cristóbal Colón nuestro Almirante del Mar Océano, una transcripción autorizada, hecha en forma fidedigna, de todas las cartas de merced y privilegio o confirmación que el dicho Almirante de Castilla tiene por su puesto y oficio como Almirante, por medio del cual él y otros en su nombre pueden cobrar los derechos y otras cosas que a él pertenezcan en virtud de este cargo. Ordenamos esto debido a que hemos otorgado a don Cristóbal Colón el favor de tener y gozar los mismos dones, honores, prerrogativas, libertades, derechos y salarios en el Almirantazgo de las Indias que tiene y goza nuestro Almirante en el Almirantazgo de Castilla. Haced y cumplid esto al ser notificado de lo mismo al recibo de esta carta, sin excusa ni dilación alguna. Si así no lo hiciéreis, ordenamos a nuestros asistente y a otras justicias de la ciudad de Sevilla a obligaros y apremiaros para que así lo cumpliereis e hiciereis.

Transcripción de algunos capítulos del privilegio del Señor Almirante de Castilla y del Señor Almirante de las Indias.[6]

Tengo por bien que de todas las ganancias que el dicho Almirante tuviere e hiciere en mi flota y por la mar yo he de recibir dos tercios y el dicho Almirante un tercio.

También que, de todas las galeras que yo mandare armar sin flota para ganar, yo he de recibir dos tercios de las ganancias y el dicho Almirante un tercio.

Así tengo por bien y mando que de todas las galeras, naves, galeotes[7] y navíos, así como de cualquier otro bote que fuese armado en otra parte y de los que yo he de recibir una quinta parte, yo recibiré dos terceras partes de dicho quinto y mi Almirante la restante tercera parte del mismo.

También tengo por bien que siempre que dicho Almirante hiciere armar por orden mía alguna flota, pueda sacar y saque cuatro prisioneros acusados a muerte por nuestra justicia por cualquier crimen cometido.

4. Juan Ruiz de Calcena, registrador de la Cancillería real de Aragón, estaba al servicio del Rey Fernando en calidad de guardián del sello real durante este bienio.

5. Este documento es igual al documento 40/2 del *Libro de los Privilegios*, autorizando a Francisco de Soria para proporcionar a Colón copias de los privilegios reales otorgados a los almirantes de Castilla.

6. Estos son extractos del documento 46/8 del *Libro de los Privilegios*. En este privilegio fechado el 17 de agosto de 1416, el Rey Juan II de Castilla dio al Almirante de Castilla como posesión hereditaria las rentas reales asociadas con su almirantazgo. Investigadores de la historia española consideran que Fernando e Isabel no conocían cuáles eran las rentas y prerrogativas específicas del Almirante de Castilla cuando prometieron favores equivalentes para Colón en las Capitulaciones de Santa Fe.

7. Galera pequeña de diez y seis a veinte remos en un lado.

En cualquier embarcación que venga a la ciudad de Sevilla o a cualquier otro puerto de mi reino y dominio fletados o por fletar, mi Almirante puede cargar una tercera parte proporcional al precio por el cual fue o fueron fletados.

También tengo por bien que mi Almirante tenga total jurisdicción sobre su Almirantazgo, embarcaciones y jurisdicción sobre casos tanto civiles como criminales en todos los puertos y lugares de mis reinos y señoríos.

Y prohibo firmemente que alguien ose contravenir esta mi carta ni quebrantar o menguar las mercedes, exenciones y libertades contenidas en este privilegio o en cualquier parte del mismo ni ahora ni en adelante.

[PÁGINA 3]

Cualquier persona, quienquiera que ella sea, que hiciese lo contrario contraviniendo esto en su totalidad o parte de ello, tendría mi ira y deberá pagarme en prenda 2,000 castellanos[8] de fino oro y de justo peso, también al dicho mi Almirante o a quien lo representase todos los daños y perjuicios que se le ocasionasen. Por tanto lo que ellos tuviesen deberá serme enviado para este efecto. Ordeno a las dichas justicias y a cada uno de vos en vuestros lugares y jurisdicciones, tomar en prenda de aquel o aquellos que contravengan esto, en todo o en parte, o de quien intente hacerlo, la suma de mil doblas[9] en pago de la multa por cada violación y que la guarden para hacer con ellos lo que plazca a mi merced.

También, deberá enmendar o hacer enmendar al dicho mi Almirante o a quien le representare con el doble de todos los daños y menoscabos que esto le ocasionare.

Por cuanto vos Cristóbal Colón váis por nuestro mando a descubrir y adquirir, con ciertas embarcaciones nuestras y con nuestra gente, algunas islas y tierra firme en la Mar Océana.

En el segundo privilegio[10]

Y es nuestra merced y voluntad que tengáis y poseáis vos y después de vuestros días vuestros hijos y descendientes y sucesores, uno tras otro, el dicho cargo de nuestro Almirante del dicho Mar Océano, que es nuestro y que comienza en una línea que nos hemos hecho marcar, y pasa desde las islas Azores a las islas de Cabo Verde, de norte a sur y de polo a polo, de forma tal que todo lo que es allende la dicha línea al occidente es nuestro y nos pertenece. Asimismo os hacemos y creamos nuestro Almirante a vos y a vuestros hijos y sucesores, uno tras otro, para siempre jamás. También os hacemos nuestro Virrey y Gobernador, y después de vuestros días a vuestros hijos, sucesores y descendientes, uno tras otro, de las dichas islas y tierras firmes descubiertas y por descubrir en el dicho Mar Océano en la parte de las Indias. Y os damos la posesión y casi la posesión de todos los dichos cargos de Almirante, Virrey y Gobernador para siempre jamás; y el poder y la facultad para que usaréis, en las dichas mares, el dicho cargo de nuestro Almirante en todas las cosas, forma y manera y con las préminencias, prerrogativas, derechos y salarios, según y como lo usaron y gozaron nuestros Almirantes de las mares de Castilla y León; en las mares y en la tierra en las islas y el continente que

8. En las cuatro copias existentes del *Libro de los Privilegios* aparece la palabra *doblas*. En la transcripción JCB se adoptó la palabra *castellanos* que era la moneda en oro castellana equivalente en valor a 485 maravedís durante el reinado de Fernando e Isabel. La unidad monetaria básica era el maravedí.

9. Moneda de oro castellana equivalente a 365 maravedís durante el reino de Fernando e Isabel.

10. Este es un extracto de las Capitulaciones de Granada, firmadas por los monarcas el 30 de abril de 1492, documento 2/15 en el *Libro de los Privilegios*.

ha sido descubierto y que será descubierto de aquí en adelante en la dicha Mar Océana en la parte de las Indias.

[PÁGINA 4]

El Rey y la Reina[11]

Por cuanto en la capitulación y asiento que por nuestro mandato se hizo y firmó con vos don Cristóbal Colón, nuestro Almirante del Mar Océano en la parte de las Indias, se estipula que vos tendréis parte de lo que se obtuviere y trajere de las Indias, descontando primero los gastos y costos que se hubieren hecho o hicieren como más largamente en la dicha capitulación se contiene.

Y porque hasta ahora vos habéis trabajado mucho descubriendo tierra en dicha parte de las Indias sin haber obtenido muchos intereses de ellas aunque se han pagado algunos gastos y costos, y porque es nuestra merced y voluntad otorgaros favor, por la presente queremos y mandamos que los costos y gastos que hasta aquí se han hecho en los negocios tocantes a las dichas Indias y los que hubiereis de hacer en este viaje que ahora os ordenamos hacer y armar para las dichas Indias hasta que lleguéis a la Isla Isabela Española, que no se os obligue a pagar cosa alguna de su costo más allá de lo que pusisteis en el primer viaje, siempre y cuando no pidiereis ni tomareis cosa alguna de los que hasta aquí se ha traído de las dichas islas como parte del décimo y del octavo que vos el dicho Almirante habréis de tener de las cosas muebles de las dichas islas, ni por otra razón alguna habéis recibido hasta que os hagamos merced.

Y porque vos, el dicho Almirante, decís que de lo de aquí en adelante se obtuviere se ha de sacar primeramente vuestra octava parte, y de lo que restare se han de sacar los costos y después el décimo.

Y porque por la orden y tenor de la dicha capitulación parece que se deben sacar primero los costos y después el décimo y después el octavo, y por cuanto hasta ahora no se ha determinado cómo se ha de hacer esto, es nuestra merced haceros merced a vos el dicho Almirante, que por tres años dicho octavo se saque para vos y después se saquen los costos, y de lo que restare se saque el décimo. Pero pasado el dicho tiempo, el décimo se ha de sacar primero, luego los costos y luego el octavo, según en la dicha capitulación se contiene.

Y que por esta merced que os hacemos, por el dicho tiempo no se os dé ni se os quite mas derecho del que tenéis por virtud de dicha capitulación. Antes, aquella quede en su fuerza y vigor para adelante pasado el dicho tiempo.

Hecho en la villa de Medina del Campo a doce días de junio de noventa y siete años. Yo, el Rey. Yo, la Reina. Por mandato del Rey y de la Reina. Fernando Alvarez. En las espaldas de esta carta: Acordada.

Esta es la transcripción de un capítulo de una carta que su Alteza mandó escribir al Señor Almirante al tiempo de su partida para el viaje del que ahora viene.[12]

[PÁGINA 5]

En cuanto a lo otro contenido en vuestros memoriales y cartas relacionado con vos y con vuestros hijos y hermanos, puesto que como veis estamos en camino y vos de partida, no se puede hacer hasta

11. Este es un extracto del documento 35/18 del *Libro de los Privilegios*. El objetivo real de este decreto era dar una concesión de tres años por un octavo de la renta real de las Américas a Colón, sin que él tuviese que invertir en la armazón de las flotas. La concesión era un compromiso en pago por el acuerdo firmado por Colón según el cual retiraría sus reclamaciones por rentas atrasadas desde 1492 y 1497.

12. Documento 67b/58 del *Libro de los Privilegios*.

que establezcamos residencia en alguna parte y si por esto hubieseis de esperar se perdería el viaje al que ahora vais; por esto es mejor ya que estáis preparado con todo lo necesario para vuestro viaje, partáis luego sin dilación alguna y quede vuestro hijo[13] encargado de solicitar lo contenido en dichos memoriales. Y tened por cierto que vuestra prisión nos pesó mucho, bien lo visteis vos, y lo conocieron todos claramente, pues tan pronto lo supimos lo mandamos remediar. También sabéis el favor con que os hemos hecho tratar siempre. Y ahora estamos mucho más dispuestos a honraros y trataros bien. Las mercedes que os hemos hecho os serán guardadas enteramente según la forma y tenor de nuestros privilegios, que de ellos gozais, sin ninguna contradicción y que vos y vuestros hijos gozareis de ellas como es razonable. Y si fuere necesario confirmarlas de nuevo, las confirmaremos, y a vuestro hijo mandaremos poner en la posesión de todo ello y en más que esto tenemos voluntad de honraros y haceros mercedes. Y de vuestros hijos y hermanos nos tendremos cuidados como es razonable. Todo esto se podrá hacer si vos partís en buena hora, dejando a vuestro hijo encargado y por tanto os rogamos que no haya dilación en vuestra partida.

De Valencia de la Torre, a los catorce días de marzo del año de mil quinientos dos.

Lo que pertenece al Almirante, Virrey y Gobernador de las Indias, por el Rey y la Reina, nuestros señores.[14]

Muy claro aparece en la capitulación hecha con Sus Altezas y firmada por sus reales manos que Sus Altezas otorgan y conceden al dicho Almirante de las Indias todas las preeminencias y prerrogativas que tiene y posee el Almirante de Castilla, a quien parece pertenecer, por su servicio, la tercera parte de todo lo que ganare. Por consiguiente el Almirante de las Indias debe tener la tercera parte de todo que ha ganado de las Islas y tierra firme que ha descubierto y queda por descubrir porque *relatum me est in referente.*[15] También deberá tener el décimo y el octavo, como aparece en los capítulos tercero y quinto de la capitulación.

Y si alguien quisiere argüir que la tercera parte concedida al Almirante de Castilla se debe entender como los bienes muebles que se ganare en la mar y que el tercio de las dichas islas y tierra firme, aunque ganadas por la mar, no le pertenecen al Almirante por ser tierra inmutable,

[PÁGINA 6]

a esto responde el Almirante y dice que es obvio que en la dicha capitulación el Almirante de Castilla es nombrado Almirante de la mar. Por esta causa le es otorgada la tercera parte de lo que gane por la mar, porque en otra parte no le es dada jurisdicción ni oficio y sería muy inconveniente e irracional darle parte fuera de su oficio, como se dice *quia propter offitium etc.* (porque el beneficio es y debe tener respeto al oficio), y no fuera de él.

Porque el Almirante de Castilla ha sido constituído y nombrado, de acuerdo con el contenido de

13. El hijo legítimo del almirante, Diego Colón, tenía aproximadamente 22 años cuando esta carta fue escrita.

14. Extracto de una opinión legal, documento 60/59 en el *Libro de los Privilegios*, encargado por Colón, probablemente en la ciudad de Granada, en donde residió durante el año de 1501 y parte de 1502. Se desconoce quién fue el autor del resumen.

15. A mediados del siglo trece, Castilla, Aragón y Portugal adoptaron todos sus respectivas lenguas vernáculas como su lenguaje legal y gubernamental. El latín sobrevivió en la Península Ibérica sólo como el lenguaje de la iglesia y de la instrucción universitaria. Abogados con licenciaturas universitarias o doctores en leyes generalmente ornamentaban sus documentos con fragmentos en latín. Citaban artículos del Derecho Romano y sus comentadores medievales italianos, éstos eran muy respetados en su calidad de modelos para el razonamiento legal. Las frases en latín servían para recordar al lector—posiblemente abogado o juez—ciertos principios legales muy aceptados en las cortes. No se hacían citas intencionales y completas. Esta copia contiene abreviaciones, además se omitieron muchas palabras al hacer la transcripción de estas frases en latín tomadas del *Libro de los Privilegios.*

esta capitulación, por Almirante no de la mar, sino expresa y señaladamente de las Indias y Tierra Firme descubiertas y por descubrir en el Mar Océano. Por lo cual muy justamente le pertenece la tercera parte de las dichas islas y tierra firme que ha ganado ejecutando y conduciendo su cargo de Almirante, y que así se debe entender e interpretar el privilegio del Almirante de Castilla y el capítulo que a él se refiere. Puesto que es manifiesto que todo se debe entender *secundum subiectam materiam & secundum qualitatem personarum.* Sacando otra conclusión, el privilegio y el artículo no tendrían beneficio para el Almirante de las Indias, porque si no recibiere el tercio de las Indias, de las que es Almirante, y si no es considerado Almirante de la mar, no podría recibir lo que ganase de la mar puesto que estaría fuera de su jurisdicción y oficio, de manera que no se beneficiaría nada de este capítulo y constitución.

Tal lectura no es admisible, puesto que cada palabra escrita en un contrato debe ser operativa y no debe ser interpretada superfluamente. Tanto más en este caso de tanta importancia y utilidad y gloria de Su Alteza, habido con muy poco costo y sin ningún peligro para su honra, personas o propiedades, pero con grandísimo peligro para la vida del Almirante y con mucho costo para el Almirante, como es bien sabido.

Por esta razón sólo una décima parte sería muy poca cosa, sin mencionar la octava parte, puesto que ella le pertenece en virtud a su participación prorrateada de los costos. Porque muy poca parte sería para tan gran servicio tan pequeña merced, lo que dicen las sagradas leyes es muy apropiado: *quia benefitia principum sunt latissime interpretanda.*

Y puesto que las mercedes hechas por los príncipes deben comprenderse en la forma más amplia y más abarcadora, especialmente de los príncipes excelentísimos y altos como Sus Altezas, de quienes, más que de otros, se esperan amplísimas mercedes.

Y por esto, dicha tercera parte, aunque parece mínima, pertenece al Almirante. Esto lo vemos en las compañías hechas entre mercaderes, en las que la experiencia y la inteligencia de un compañero es tenida y reputada en tan alta estima que le pertenece la misma parte a él como a otro que haya invertido dinero, si por causa de

[PÁGINA 7]

aquella resultare ganancia, aunque el dinero proviniere del último.

Mucho más en este caso del Almirante, quien ha invertido admirable experiencia y a un muy alto costo y peligro para su persona y de sus bienes y criados. Por lo cual, hay más razón para que reciba la tercera parte de todo, como fue la verdadera intención de sus Altezas. Para cerciorarnos de que esta era la verdadera intención de Sus Altezas, tenemos sólo que observar que Sus Altezas dan cinco-sextas partes a quienes van a las Indias, y a quienes reciben menos de los cinco-sextos, dan cuatro-sextos y el gobierno de la tierra sin ningún peligro, habiendo sido la ruta abierta, asegurada y clarificada para todos. Y para confirmación de lo que digo, como se estipula en muchos privilegios del Almirante de las Indias, el Almirante recibió orden de Sus Altezas, para que adquiriera no naves, ni embarcaciones, ni cosa alguna de la mar, sino expresamente islas y tierra firme, como claramente se dice en las once páginas del privilegio. Dicho privilegio debería llamarse 'merced' puesto que en el encabezamiento de la primera página e inicio del privilegio dice: "y porque vos Cristóbal Colón vades por nuestro mandado a descubrir yslas y tierra firme etc."

Así pues la ganancia tenía que ser en islas y tierra firme, por tanto la tercera parte debe ser de lo adquirido, y siendo entonces una tercera parte de ello, es claro que un tercio de las islas y la tierra firme adquiridas pertenece al dicho Almirante. Sin duda debemos creer que, si al principio el Almirante hubiere pedido una mayor parte, esta le habría sido otorgada, puesto que todo era su ganancia y era completamente inesperado, desconocido y más allá de la memoria y señorío de Sus Altezas. Así se responde cumplida y claramente a los que protestaron contra esto. Una tercera parte de las Indias y Tierra Firme justa y claramente parece pertenecer al dicho Almirante.

Y porque el décimo está claramente relacionado con el octavo, que también es muy claro, así se dijere que él no debería recibir un octavo de las mercancías y bienes enviadas y traídas en los navíos que han partido a descubrir y a los que fueron a los lechos de perlas[16] y a otros lugares de su Almirantazgo, mientras él estaba en la Isla Española al servicio de Sus Altezas, diciendo que el Almirante no contribuyó en nada a su armazón, a lo cual se responde que a él no se le había notificado nada de la partida de tales navíos, ni se le consultó o informó sobre el tiempo de su partida. Y por esto, siendo así que de acuerdo con la ley el ignorante puede protestar ignorancia originada por falta de tiempo, es indudable que la ignorancia es una excusa legítima y merece total

[PÁGINA 8]

restitución. Así se debe deducir y afirmar en este caso que el Almirante puede satisfacer los requerimientos aportando su contribución ahora. No puede ser culpado, sino aquellos que no le han notificado lo que estaban obligados, etc.

Declaración de lo que pertenece y puede pertenecer al señor Almirante de las Indias por virtud de la capitulación y asiento que hizo con Sus Altezas, que es el título y derecho que tiene el dicho Almirante y sus descendientes a las islas y a la tierra firme del Mar Océano, que es como sigue:[17]

El Primer Capítulo

Primeramente, por el primer capítulo Sus Altezas le hicieron su Almirante de las islas y tierra firme descubiertas y por descubrir en el Mar Océano con las preeminencias y en la manera que el Almirante de la mar de Castilla tiene su Almirantazgo en su distrito.

Para la interpretación de esto, es de notar que el Almirante de Castilla tiene por su privilegio la tercera parte de lo que se adquiera o él adquiriere en la mar. Por esta razón, el Almirante de las Indias debe tener la tercera parte de ellas y de lo que en ellas se adquiriere.

Y puesto que el Almirante de Castilla no tiene un tercio exceptuando lo que adquiriere en la mar, el Almirante de las Indias debe tener un tercio de todo lo que por tierra en ellas se adquiriere.

La razón de esto es que Sus Altezas le ordenaron adquirir islas y tierra firme y específicamente le titularon Almirante de ellas, y de ellas debe recibir el galardón, como quien es su Almirante y con mucho peligro, y contra la opinión de todo el mundo las adquirió.

16. Aquí se refiere el almirante a la porción costera de Venezuela que bordeó durante su tercer viaje (1498). En el Golfo de Paria encontró ostras y nativos luciendo collares de perlas. Colón no pudo explotar los lechos de las perlas puesto que las provisiones traídas de España estaban empezando a dañarse. En los años de 1499 y 1500, Peralonso Niño, en su recorrido por las costas, compró y negoció con los nativos cerca de 100 libras de perlas, algunas de ellas del tamaño de una nuez. La explotación directa de los lechos de ostras en los años siguientes hizo millonarios a muchos Españoles y produjo elevadas ganancias a la monarquía.

17. Esta es una transcripción del texto completo de una de las opiniones legales comisionadas por Colón en Granada, documento 59/60 del *Libro de los Privilegios*.

Capítulo Segundo

Por el segundo capítulo Sus Altezas le hicieron su Virrey y Gobernador General de todas las dichas Islas y Tierra Firme, con la facultad de nombrar todos los oficiales de gobierno, excepto que Sus Altezas pueden nombrar a uno entre cada tres oficiales nominados por el Almirante; y después Sus Altezas le hicieron nueva merced de los dichos oficios en los años 1492 y 1493, por privilegio otorgado sin dicha condición.

La interpretación de esto es que al dicho Almirante pertenecen los oficios de Virrey y Gobernador, con facultad de nombrar todos los oficiales en los oficios y magistraturas de las Indias, porque Sus Altezas en galardón y casi pago por el trabajo y gastos efectuados por el Almirante al descubrir y adquirir las Indias, le hicieron merced de los dichos oficios y gobernación con esta autoridad.

[PÁGINA 9]

Es muy claro que al principio el dicho Almirante no estaba dispuesto, ni lo hubiera estado persona alguna, a asumir tanto riesgo y aventura, si Sus Altezas no le hubieren prometido oficios y gobierno en galardón y pago por tal empresa.

Sus Altezas justamente se lo prometieron, porque fue con ellos que el Almirante, antes que persona alguna, les prestó servicio tan notable, ventajoso, honorable y elevado.

Muy poca honra, o casi ninguna, hubiera recibido el dicho Almirante, aunque hubiese recibido pago, si Sus Altezas hubieren nombrado a otra persona superior a él en esa tierra ganada por él con tanta pena. Por tales causas justas, estas funciones y gobernación justamente pertenecen al dicho Almirante.

Y porque ahora el dicho Almirante, estando pacíficamente ejerciendo dichos oficios en las Indias al servicio de Sus Altezas, fue privado de su posesión in justamente y, contra toda razón y derecho, sin haber sido llamado, escuchado o convicto, de lo cual el dicho Almirante dice que recibió grandísimo agravio y gran deshonor en su persona y menoscabo en sus bienes. De acuerdo con este capítulo, esto parece haber sido injusto por las siguientes razones:

Puesto que el dicho Almirante no podía ser despojado ni privado de sus oficios puesto que no cometió ni hizo nada contra Sus Altezas, por que ley debía perder su propiedad y si alguna causa hubiere, que Dios no lo quiera, el dicho Almirante primero debía haber sido citado, llamado, oído y condenado por la ley.

Al ser depuesto, sin el debido proceso, el dicho Almirante sufrió gran perjuicio y se le hizo gran injusticia, y aún Sus Altezas no lo podían hacer.

Puesto que Sus Altezas le dieron los dichos oficios y gobierno de la tierra en satisfacción por el servicio que el dicho Almirante les prestó al adquirirla, de ello obtuvo él justo reconocimiento y un título perpetuo para estos oficios. Puesto que fue injustamente depuesto, el dicho Almirante, antes que cualquier otra cosa, debe ser restituido en dichos sus oficios, en su honra y en su estado.

[PÁGINA 10]

En cuanto a los daños sufridos, que el dicho Almirante dice que fueron muchos, puesto que con su experiencia se hallara y descubriera en las Indias mucho oro, perlas, especias y otras cosas de gran valor, el dicho Almirante haga juramento y declare la cantidad de intereses y por aquello que por derecho le pertenece debe recibir satisfacción.

La satisfacción por esto debe dársela quien injustamente le desposeyó de todos sus bienes, porque aquel según la ley divina y humana está obligado a hacerlo así como quien excedió los límites del poder de Sus Altezas.

Y con más premura debe hacérsele satisfacción y reintegro de dichos oficios y bienes y honra al dicho Almirante en proporción a la injusticia que se hizo al despojarlo de ellos. Puesto que es increíble, e indigno de ser creído, que Sus Altezas puedan considerar bueno que un varón de tanta industria, venido desde tierras tan lejanas a prestar tan señalado servicio a Sus Altezas como le hizo con su industria y persona, servicio que mereció tan gratificante merced, no puede ser destruído por causa de la envidia y la malicia, cuando de acuerdo con la razón debe estar muy cercano a Sus Altezas y tan cimentado en sus magnánimos afectos que el dicho Almirante y todo el mundo creerían que ningun detractor podría hacerle extraño al merecimiento de gran favor; menos aún encender los corazones de Sus Altezas hasta hacerle perder lo que tan merecidamente poseyera. Por consiguiente, el dicho Almirante siempre esperaba servir y servía a Sus Altezas, procurando con su industria el provecho presente de las Indias y gobernando con sus oficios la población y aumento de ella.

Esto es algo que ninguno otro hiciera ni hará, porque además de haberlo olvidado todo, si él no hubiera gobernado región tan distante, quienes ahora la gobiernan, con codicia orientada a aprovecharse durante su gobierno, no proveerán para el futuro como lo hiciera el Almirante. El, a quien correspondería el interés perpetuo por ello, ha gobernado bien y ha preservado a los Indios, que son la riqueza de esa tierra. Ha reformado y sometido su señorío, sin esperar recompensa de honor y ganancia en el futuro.

Capítulo Tercero

Por el tercer capítulo Sus Altezas le hicieron merced de la décima parte de todo lo que se comprare, hallare y obtuviere dentro de los dichos límites del Almirantazgo, después de deducir los costos.

[PÁGINA 11]

Esto debe entenderse en forma tal que el dicho Almirante reciba una décima parte de lo que cualquier persona obtuviere y encontrare en todas las Indias y Tierra Firme del Mar Océano, ya para provecho de Sus Altezas o de cualquier persona que haya recibido merced de ellos, deduciendo los gastos que tales personas o Sus Altezas en ello hicieren.

Y Sus Altezas, por justicia, no pueden, en perjuicio de este décimo, hacer merced del todo ni de parte alguna del provecho de las Indias a ninguna persona, sin que primero tengan que pagar y pague un décimo de la totalidad al dicho Almirante.

Sus Altezas, haciendo dichas mercedes, derogan o menoscaban la merced hecha al dicho Almirante, dejando muy disminuída y desmembrada su justa satisfacción.

Porque la merced de esta décima parte fue hecha al Almirante antes del primer descubrimiento de las Indias y fue dada y otorgada para recompensar y compensar, como tal servicio merecía. Por tanto, el décimo es la fuente principal de su ganancia neta.

Y aun, si Sus Altezas, por acuerdo o condición u otra cualquier manera, dieren la mitad u otra parte cualquiera a otra persona dispuesta a realizar el trabajo y cubrir los costos de tal ganancia, el dicho Almirante también deberá recibir la décima parte de las ganancias, dicha parte deberá estimarse antes de deducir la parte correspondiente a tales personas así como la parte principal de Sus Altezas, pues lo uno y lo otro es verdaremante ganancia proveniente de las Indias de su Almirantazgo.

Capítulo Cuarto

Por el cuarto capítulo Sus Altezas concedieron al dicho Almirante la jurisdicción civil y criminal de cualquier pleito relacionado con las Indias. El puede presidirlos tanto acá, como en las regiones y lugares comprendidos en la jurisdicción del Almirante de Castilla, siendo justo.

Para interpretar la jurisdicción que tiene el dicho Almirante, él dice que le pertenece esta jurisdicción, puesto que este es uno de sus principales privilegios, casi como si fuere el brazo del cuerpo de su Almirantazgo, sin el cual el gobierno de dicho Almirantazgo sería difícilmente gobernable. De hecho el gobierno sería estéril, puesto que su judicatura es esfuerzo principal que honra, anima y sostiene todas las otras partes del cuerpo de dicho Almirantazgo.

Y que le pertenece tal conocimiento en los puertos y bahías aquí, así como en las mismas islas y tierra firme de las cuales él es Almirante. Porque si tuviese jurisdicción sólo allá, sin comprender las causas emanadas aquí,

[PÁGINA 12]

que al ser los contratantes naturales de esta tierra, su jurisdicción sería casi nula, puesto que los que van a las Indias van solamente a negociar y los legatarios y contratantes que dan lugar a los pleitos permanecen aquí, (aún cuando dichos pleitos)[18] procedan de negocios y comercio realizados dentro de su Almirantazgo.

Lo otro, que, aunque en este capítulo no tuviere que ser mencionado expresamente, en relación con su jurisdicción en el momento en que Sus Altezas establecieron el oficio del Almirantazgo e hicieron la merced del mismo al Almirante con los mismos privilegios del Almirante de Castilla, que conjuntamente con su Almirantazgo le otorgaron esta jurisdicción, puesto que el Almirante de Castilla tiene por principal preeminencia de su Almirantazgo la jurisdicción sobre todos los pleitos civiles y criminales que en ella ocurran, incluyendo aquí todos los puertos y bahías de esta tierra, aunque estén fuera de su Almirantazgo.

En cuanto a la justicia de dicha concesión, dice el Almirante que Sus Altezas, en cuanto monarcas y señores soberanos que ejercen poder absoluto sobre todo, justamente se la podían conferir a quien le pertenecía dicha concesión.

Y Sus Altezas, al conferir este oficio con dicha comprensión, no hicieron agravio a persona alguna, ni comprometieron sus intereses, puesto que este Almirantazgo, su jurisdicción y las islas y tierras en donde se instituye, fueron nueva y milagrosamente halladas, unidas con y traídas al señorío de Castilla.

Lo otro, que los pleitos emanados del Almirantazgo y a causa de la gran distancia y separación de la tierra en donde se instituye, y estando muy alejada del punto de confluencia de las mareas de esta tierra, deben ser ajenos, separados, divididos y distantes de los pleitos acá tocantes y al separar y dividir su conocimiento no se causa agravio a ninguna jurisdicción.

Y, habiendo conferido Sus Altezas en forma justa y con poder soberano, sin agraviar a persona

18. Las palabras entre paréntesis faltan en el manuscrito de la JCB.

alguna, es muy cierto que dicha provisión no conlleva injusticia, puesto que dos adversarios no pueden gobernar sobre un solo sujeto, sino más bien se evitan y distancian entre sí, al comprender a uno conocemos la calidad del otro. De aquí se concluye que dicha provisión es justa.

Y desde la persona del Almirante esta provisión es justa, puesto que la calidad de las Indias era imprevisible y desconocida a todos, era necesario poner acá un juez de cierta experiencia para administrar su justicia. Pues bien, quien habría de tener mayor experiencia, o de poseer un conocimiento mas acertado de la calidad de los pleitos, que el dicho Almirante que ha vivido en ellas continua y milagrosamente y que con mucha sutileza y ciencia y corriendo mucho peligro las sacó de la mar?

[PÁGINA 13]

Capítulo Quinto

Por el quinto capítulo Sus Altezas conceden al Almirante el poder de contribuir con una octava parte de cualquier flota que se armare para el comercio y negociación en las islas y la tierra firme de su Almirantazgo, y también que reciba la octava parte de lo que resultara de tal flota.

La verdadera interpetación es que el dicho Almirante debe recibir un octavo de cualquier cosa, que en cualquier forma fuere obtenido en las Indias, ya por oficiales de Sus Altezas o por cualquier otra persona, deduciendo el octavo prorrateado de su costo.

Porque de la primera flota que se armó resultaron las Indias, es decir las ganancias que se obtuvieron y el dicho Almirante contribuyó con su octava parte y aún cerca de la mitad del costo, obteniendo por tanto título perpetuo a dicho octavo por ser eterno el resultado de dicha armada.

Lo otro, que es inmutable, es que al principio obviamente partió a adquirir islas y tierra firme; lo que no produciría ganancia si un octavo de los bienes muebles procedentes de allí no se consideran como el resultado y propósito de tal armada.

Y aunque el dicho Almirante no trajo bienes muebles en su primer viaje de las Indias, el resultado y ganancia de la primer flota armada fue que él puso las mencionadas islas y la tierra firme bajo el poder de Sus Altezas, lo que equivale a haber dado a Sus Altezas el poder y la propiedad sobre todos los bienes muebles que en ellas y en cualquier epoca pudiese ser obtenido de ellas; puesto que de ese momento en adelante Sus Altezas podían enviar a quien ellos tuviesen a bien.

Otra razón es que, siendo así que por haber contribuído a armar la primera flota, el dicho Almirante no adquirió derecho perpetuo a este octavo. Puesto que Sus Altezas forzosamente deben fletar con el fin de gozar de los fletes hechos desde las Indias, ellos no le pueden prohibir legalmente contribuir con los costos de dicha armada ni a sacar un octavo de las ganancias. Y, puesto que las flotas deben ser continuas, del mismo modo las ganancias obtenidas de las Indias son perpetuas y de ello un octavo pertenece al Almirante perpetuamente.

Y aun cuando se diga solamente le pertenece un octavo de las ganancias netas obtenidas de las mercancías, puesto que así se estipula en el capítulo sobre comercio y negocios, esto se entiende como 'mercadería'; la verdad es que generalmente un octavo de todos los bienes muebles de las Indias le pertenece al dicho Almirante, puesto que los vocablos 'trato' y 'negociación' comprenden todo tipo de cosa que se obtenga en cualquier forma y momento.

Puesto que el vocablo 'trato' es la astucia o la diligencia que se emplea para conseguir el objetivo de la negociación y finalmente el trato o modo que el Almirante debía tener con los poseedores de dichas Indias

[PÁGINA 14]

que iba a ganar al lograr su objetivo, que era obtenerlas, puesto que las obtuvo, lo que de ellas resulte es justamente lo que debe dividirse como resultado de tal negociación.

Y este otro vocablo 'negociar' se deriva de 'negocio', que significa 'neg ocio', *quia negotium est quasi nega otium*, de manera que su entendimiento es general para cualquier género de cosa y por ello comprende cualquier género de cosa mueble que en las Indias se halle.

Y puesto que dicho vocablo no era equívoco y tenía un claro sentido de mercadería, puesto que el dicho Almirante había ganado las dichas Indias y Tierra Firme, especialmente La Española, más por dádivas de mercaderías que por fuerza de armas, estas Indias y todas las cosas que de ellas se pueden llamar mercadeables y por ello mercaderías, porque de mercar se deriba el vocablo 'mercadería'.

Lo otro, que aunque por fuerza de armas hubiera ganado el Almirante las Indias y Sus Altezas lo hubieren enviado expresamente a hacer negocios, por eso no dejaba de recibir de ellas el dicho su octavo porque los bienes muebles que en ellas se hallan, así como el oro, las perlas, las especias, y otras cosas, son principalmente mercancías, pues toda cosa mueble que pueda ser traída (excepto aquello que sea consagrado), debe ser llamado 'mercadería', de acuerdo con las leyes que dicen *quod omnia sunt in commertio nostro.*

También, que en cualquier forma que hubiese conseguido el fin que se perseguía con esta flota, que fuese la ganancia de las Indias, un octavo pertenece al Almirante porque las ganancias de la mar y sus casos son diversos, accidentales, imprevisibles e inesperados. Por tanto, lo que de ellos quede es justo que sea dividido como si hubiese sido cortado por fuerza y desatado por arte. Este es el estilo común de todos los armadores, para lo cual hay incontables ejemplos.

Puesto que es claro que si algunos mercaderes participan en la flota solamente para comerciar la mercancía y llegan a acordar con el propietario que éste puede aportar parte del costo de la armada de la flota porque también debe tener participación en las ganancias; que si además de la mercancía se llegare a ganar alguna ciudad, dinero o barco enemigo, parte de la ganancia también le pertenece dado que por derecho le pertenece parte de la mercancía; puesto que la ganancia se obtuvo aparte de la mercancía obviamente ello era resultado de la armada de la flota.

Y si por casualidad un agente de otra compañía negociando en algun otro reino se hiciese favorito del rey de esa tierra, sirviéndole con empréstitos o vendiéndole mercancías a menos precio,

[PÁGINA 15]

y si acaso dicha compañía fuese disuelta, y si aquel rey en reconocimiento de amistad le hiciese a él merced de alguna cosa, está obligado a dividir con sus compañeros enteramente el verdadero resultado obtenido a causa de tal compañía, aunque ya hubiese transcurrido largo tiempo después de la disolución de la compañía, porque en todas partes se adjudica así y así lo disponen las leyes de estos reinos de Sus Altezas.

Y en Portugal ha muy poco que acaeció algo semejante a un florentino, agente de una gran compañía de Florencia, que por haber servido al rey de aquella tierra con empréstitos y otras cosas de sus mercancías, fue obligado a dar a sus compañeros parte de una merced que el rey le hizo en reconocimiento de su amistad después de dividida la compañía y de haber entregado cuentas, como un verdadero resultado emanado de ella.

Y aún aquel patrón Lercar, a quien Sus Altezas le hicieron merced en reconocimiento del beneficio que les hizo al transportar a la Archiduquesa y en satisfacción parcial por la carraca que perdió en los bancos, fue requerido por la corte de Génova a dar parte a sus compañeros como una restitución legítima, y solo le quedó lo que le pertenecía como dueño de una parte.[19]

Y si un hijo recibe una donación de un gran amigo de su padre, aunque todas las otras dádivas se le atribuyen a la propiedad del hijo, esta debe ser considerada parte de la herencia paterna porque la ganancia procede del padre y muchas otras cosas suceden constantemente que podrían decirse a este propósito.

Pero dejando aquello, baste decir que de todo esto se colige que al dicho Almirante le pertenece un tercio de las islas y tierra firme, más el octavo y el décimo de todas las cosas muebles que en ellas y dentro de su Almirantazgo encontradas en cualquier tiempo, por cualquier persona, y en cualquier manera se halle como verdadero resultado de su primera flota, aunque el no haya contribuido en las otras. Tocante a esto harto se ha dicho en otro escrito.[20]

Queda por decir a Vuestras Altezas, que hicieron merced al dicho Almirante de todos los oficios como los tiene el Almirante de la mar de Castilla, y que él podrá dar el alguacilazgo y las escribanías y mandarlos servir en su nombre y puesto que esto es así, también los podrá arrendar y conservar la renta, así como lo hace un caballero a quien Vuestras Altezas han hecho merced de una tenencia o de un oficio. Como se usa en muchos casos en Castilla, que ellos se llevan la renta y hacen servir dicho cargo a uno suyo o se acuerda con una persona y a ella le dan una cierta parte de la renta. Y así lo suplica a Sus Altezas, que le desgraven y le dejen usar de sus oficios y recibir el beneficio, pues que así fue por capitulación y merced.

[PÁGINA 16]

[descripción de archivista, manuscrito moderno]
Habiendo descubierto don Cristóbal Colón las islas de tierra firme en el Mar Océano le hacen varias mercedes, cuya copia simple es ésta, y entre ellas se hallan el oficio de Almirante y Virrey de lo que ha descubierto y que fuere descubriendo, con otros derechos que más largamente aquí se contienen.

Papel extraordinario num.

Capitulación del Almirante
50 [tachado]
lv
xxxviii

19. Quien escribe esto se refiere a la flota que transportó a la Princesa Juana a Holanda, como novia de Felipe, Duque de Borgoña. La flota partió de Laredo el 22 de agosto de 1496. Cuando esta opinión legal fue escrita, el rango de Juana era el de Archiduquesa, puesto que Felipe había sucedido a su padre Maximiliano de Habsburgo como Archiduque de Austria.

20. El autor se refiere a la opinión legal explicando el decreto real promulgado en Medina del Campo el 22 de junio de 1497. Ver la nota 5.

THE TEXT IN ENGLISH

[PAGE 1]

The Capitulation[1]

The things requested and that Your Highnesses give and authorize to Sir Christopher Columbus in partial satisfaction for what he has discovered in the Ocean Seas and will discover on the voyage that now, with the help of God, he is to make on the same seas in the service of Your Highnesses, are the following:

First, Your Highnesses, as the lords you are of the Ocean Seas, make Sir Christopher Columbus from now on your admiral in all those islands and continents discovered or acquired by his command and skill in the Ocean Seas during his lifetime and, after his death, by his heirs and successors one after the other in perpetuity, with all the pre-eminences and prerogatives pertaining to the office equal to what Sir Alfonso Enríquez,[2] your high admiral of Castile, and other predecessors in the office held in their districts. It pleases Their Highnesses. Juan de Coloma.[3]

Also, Your Highnesses make Sir Christopher your viceroy and governor general in all those islands and those continents and islands that he discovers and acquires in the seas. For the governance of each and every one of them, he will nominate three persons for each office, and Your Highnesses will select and appoint one, the most beneficial to your service, and thus the lands that Our Lord permitted him to find and acquire will be best governed to the service of Your Highnesses. It pleases Their Highnesses. Juan de Coloma.

You wish him to have and take for himself one-tenth of all and any merchandise, whether precious stones, pearls, gold, silver, spices, and any other things and merchandise of whatever species, name, and sort it may be, that is bought, exchanged, found, acquired, and obtained within the limits of the admiralty that Your Highnesses from now on confer on Sir Christopher, discounting all the relevant expenses incurred, so that, of what remains clear and free, he may have and take one-tenth for himself and do with it as he pleases, reserving the other nine-tenths for Your Highnesses. It pleases Their Highnesses. Juan de Coloma.

If any lawsuit should arise over merchandise that he brings from the islands and lands acquired or discovered, or over merchandise taken in exchange from other merchants there in the place where this commerce and trade is held and done, and if taking cognizance of such suit pertains to him by the privilege of his office of admiral, may it please Your Highnesses that he or his deputy, and no other judge, shall take cognizance of and give judgment in it from now on. It pleases Their Highnesses, if it pertains to the office of admiral and conforms to what the admiral Sir Alfonso Enríquez and his other successors had in their districts, and if it be just. Juan de Coloma.

On all ships outfitted for trade and business, each time, whenever, and as often as they are outfitted, Sir Christopher Columbus, if he wishes, may contribute and pay one-eighth of all that is

1. This document is a copy of the entire text of the Santa Fe Capitulations signed by the monarchs on April 17, 1492. See document 1/12 in the *Book of Privileges.*

2. King Enrique III appointed his cousin Alfonso Enríquez as high admiral of Castile in 1405. This was the first time the Castilian monarchs made the office of admiral a hereditary possession.

3. Juan de Coloma. Born in Borja, near Valencia. Died in Zaragoza in 1517. Coloma was principal secretary to King Juan II of Aragón from 1462, and to King Fernando from 1479.

spent on the outfitting and also he may receive and keep one-eighth of the profits that result from such outfitting. It pleases Their Highnesses. Juan de Coloma.

[PAGE 2]

These are authorized and issued with the responses from Your Highnesses at the end of each article. In the town of Santa Fe de La Vega de Granada, on the seventeenth day of April in the year of birth of our savior Jesus Christ one thousand four hundred and ninety-two. I, the King. I, the Queen. By order of the King and the Queen. Juan de Coloma.
Registered. Calcena.[4]

The King and the Queen[5]

Francisco de Soria, lieutenant of our high admiral of Castile: we order you to give and cause to be given to Sir Christopher Columbus, our admiral of the Ocean Sea, an authorized transcription faithfully rendered of any letters of grant, privilege, or confirmation that the high admiral of Castile has for his post and office of admiral, by which he, and others for him, collect the dues and other things belonging to him by virtue of this post. We order this because we have granted Sir Christopher Columbus the favor of having and enjoying the same gifts, honors, prerogatives, liberties, dues, and salaries in the admiralty of the Indies that our high admiral has, holds, and enjoys in the admiralty of Castile. Do this and implement it as soon as you are notified by this our letter, without any excuse or delay. If this you do not do or execute, we order our royal judge and the other justices of the city of Seville to compel and urge you to comply and do so.

Transcript of some sections of the privilege of the lord admiral of Castile and the lord admiral of the Indies.[6]

I agree that of all the profits that the high admiral has and makes in my fleet and at sea I shall have two-thirds and the admiral one-third.

And also that on all the galleys that I order outfitted without a fleet for profit, that I shall have two-thirds of the profits earned and the admiral one-third.

Also I agree and order that, from all the galleys, sailing ships, galliots,[7] vessels, and any other boats that may be outfitted elsewhere, of which I am supposed to have one-fifth, I shall have two-thirds of the fifth and my admiral the remaining one-third.

Also I agree that for every [fleet] my admiral outfits by my order he can and shall remove four prisoners who are condemned to death for any crimes by our justice.

On any ships that may come to the city of Seville and any other ports of my kingdoms and domains outfitted and in order to be outfitted, my admiral may load one-third himself in proportion to the price for which it was outfitted.

4. Juan Ruiz de Calcena, registrar of the Aragonese royal chancery, was serving as King Fernando's keeper of the privy seal during this biennium.

5. This is the same as document 40/2 in the *Book of Privileges*, a warrant to Francisco de Soria to provide Columbus with copies of the royal privileges granted to the admirals of Castile.

6. These are extracts from document 46/8 in the *Book of Privileges*. In this privilege dated August 17, 1416, King Juan II of Castile gave to the admiral of Castile as a hereditary possession the royal revenues associated with his admiralty. Scholars of Spanish history believe that Fernando and Isabel did not know the specific revenues and prerogatives of the admiral of Castile when they promised equivalent favors to Columbus in the Santa Fe Capitulations.

7. A smaller galley of sixteen to twenty oars on a side.

Also I agree that my admiral may have full jurisdiction over his admiralty, sailings, and cases both civil and criminal in all ports and places of these my kingdoms and domains.

And I firmly forbid that anyone dare to contravene this my letter or break or diminish any of the favors, exemptions, and liberties contained in this privilege or any part of it now or in the future.

[PAGE 3]

Anyone, whoever he may be, who does the contrary or contravenes any part of this shall incur my wrath and forfeit to me 2,000 castellanos[8] of fine gold and correct weight, and to the admiral or whoever represents him double all damages and losses that he may have received. They and whatever they have should be turned over to me for this purpose. I order each and every justice, each of you in your own place and jurisdiction, to seize property from anyone who contravenes this in whole or in part or who tries to do so, in payment of penalty of a thousand *doblas*[9] for each violation, and to guard them until I do what I will with them.

Also, you shall amend and cause to be corrected for the admiral or whoever represents him double all the damages and losses that he may have received as a result.

Because you, Christopher Columbus, are going at our command with some of our vessels and our personnel to discover and acquire some islands and mainland in the Ocean Sea.

In the Second Privilege[10]

And it is our wish and favor that you and, after your death, your sons and descendants and successors, one after the other, may have and possess the office of our admiral of the Ocean Sea that is ours, which begins at a line that we have had drawn that passes between the Azores and Cape Verde Islands from north to south from pole to pole in such a way that all that is to the west of the line is ours and belongs to us. We make and create you, your sons, and successors one after the other our admiral of all this forevermore. Also we make you our viceroy and governor, and after your death your sons, successors, and descendants one after the other, of these islands and continents that you will find and that still remain to be found in the Ocean Sea in the region of the Indies. And we give you possession and potential possession of all the offices of admiral, viceroy, and governor forevermore, and the power and faculty to use the office of our admiral in all things, form, and manner, and with the privileges, prerogatives, rights, and salaries as these were used and enjoyed by our admirals of the seas of Castile and León, at sea and on land in the islands and continent that have been discovered and will be discovered from now on in the Ocean Sea in the region of the Indies.

[PAGE 4]

The King and the Queen[11]

Because the capitulation and agreement that by our order was negotiated and signed with you

8. The four extant codices of the *Book of Privileges* show the word *doblas* here. The *castellano* was a Castilian gold coin equivalent in value to 485 maravedis during the reign of Fernando and Isabel. The maravedi was the basic money unit of account, just as our cent is.

9. Castilian gold coin equivalent to 365 maravedis during the reign of Fernando and Isabel.

10. This is an extract from the Granada Capitulations, signed by the monarchs on April 30, 1492, document 2/15 in the *Book of Privileges*.

11. This is an extract from document 35/18 in the *Book of Privileges*. The royal intent in this decree was to give a three-year concession of one-eighth of the royal revenues from the Americas to Columbus, without his having to invest in outfitting the fleets. The concession was a compromise in return for Columbus's agreement to waive his claims to revenues in arrears from 1492 to 1497.

Sir Christopher Columbus, our admiral of the Ocean Sea in the region of the Indies, stipulates that you shall have part of whatever is obtained and brought from the Indies, first discounting expenses and costs, as the capitulation stipulates in more detail.

And because until now you have labored a great deal in discovering land in that region of the Indies without having received much profit from them although they have paid some costs and expenses, and because of our desire to grant you favor, by this document we wish and order that the costs and expenses that have been expended up to now in transactions related to the Indies and that you may incur on this voyage that we now order you to make and outfit for the Indies, until you arrive at the Island of Ysabela Española you will not be asked to invest in the voyage nor will you be obligated to contribute anything to their cost beyond what you invested at the time of the first voyage, as long as you do not request nor take anything from what has been brought from the island up to now as part of the one-tenth or one-eighth that you the admiral are to have from the movable goods of the islands nor for any other reason you may have had until we grant it to you.

And because you, the admiral, say that from now on your one-eighth share from the islands should be paid to you first, then the expenses should be deducted from the remainder, and then your one-tenth.

And because the order and content of the capitulation seems to stipulate that first the expenses should be discounted and then the one-tenth, and then the one-eighth, and as of this moment it has not been determined how this is to be done, it is our grace to make a grant to you, the admiral, that for three years your one-eighth shall be paid to you first, and then the expenses will be discounted, and from what remains you will receive one-tenth. But once that period of time has ended, the one-tenth shall be paid first, then the expenses, and then the one-eighth, as the capitulation stipulates.

By this favor that we are granting, during the specified time you shall not be given nor deprived of more rights than what you have by virtue of the capitulation. Rather it shall remain in force and vigor once the period of time has lapsed.

Done in the town of Medina del Campo on the twelfth day of June of ninety-seven years. I, the King. I, the Queen. By order of the King and the Queen. Fernand Alvares. On the back of this letter: Agreed.

This is the transcript of a paragraph of a letter that Her Highness ordered written to the lord admiral at the time of his departure for the voyage from which he has just returned.[12]

[PAGE 5]

In regard to the rest of what is contained in your reports and letters about you, your sons, and brothers, since, as you see, we are traveling and you are about to depart, nothing can be done until we establish residence somewhere, and if you were to wait until then, the voyage you are now going on would be ruined, therefore it is better that, with everything necessary for your voyage already arranged, you should leave immediately, without any delay, and leave your son[13] in charge of soliciting what is contained in these reports. And be assured that your arrest hurt us a great deal. Of this you can be sure, for clearly everyone recognized it, because as soon as we learned of it we ordered it corrected. You know the favor with which we always have ordered you treated. Now we are even more disposed to honor and treat you well. The favors that we have done for you shall be

12. Document 67b/58 in the *Book of Privileges.*

13. The admiral's legitimate son, Diego Colón, was about 22 years old at the time this letter was written.

observed fully according to the form and content of our privileges that you have, without any contradiction, and you and your sons shall enjoy them, as is reasonable. If it should be necessary to confirm them again, we will confirm them, and we will order your son placed in possession of all of it. Furthermore, it is our desire to honor you and give you grants, and we will take care of your sons and brothers as is reasonable. All this can be done if you depart on time leaving your son in charge; and so we beg you not to delay your departure.

From Valencia de la Torre, on the fourteenth day of March in the year five hundred and two.

That which belongs to the admiral, viceroy, and governor of the Indies, authorized by the King and the Queen our lords.[14]

It seems very clear from the agreement made with Their Highnesses and signed by their own royal hands that Their Highnesses issued and conceded to the admiral of the Indies all the eminences and prerogatives that the admiral of Castile has and possesses. The admiral of Castile, by his privilege, seems to possess one-third of all that is acquired. Consequently the admiral of the Indies should have one-third of all that has been acquired from the islands and continent that he has discovered and that still remain to be discovered, because *relatum me est in referente.*[15] He also should have the one-tenth and one-eighth, as it seems to say in the third and fifth articles of the agreement.

If anyone should try to argue that the one-third conceded to the admiral of Castile should be understood as the movable goods acquired at sea and that one-third of these islands and continent, even though they were acquired by sea, does not belong to the admiral because they are immovable,

[PAGE 6]

to this the admiral responds and declares that it is obvious that in this article the admiral of Castile is named admiral of the sea, by reason of which he is issued a third of what is acquired by sea, because otherwise he is not given jurisdiction nor office; and it would be very inconvenient and unreasonable to give him a share outside his office, as the saying goes, *quia propter offitium etc.* (because the benefit is and must be in respect of the office), and not outside it.

But the admiral of the Indies has been constituted and appointed, according to the content of this article, as admiral not of the sea but expressly of the Indies and continent discovered and to be discovered in the Ocean Sea. For this reason a third of these islands and continent that have been acquired in the exercise and conduct of his office of admiral most justly belong to him, and that is how one should understand and interpret the admiral of Castile's privilege and the article that refers to it. For it is manifest that everything should be understood *secundum subiectam materiam & secundum qualitatem personarum.* By drawing any other conclusion, the privilege and article would have no benefit for the admiral of the Indies, because if he doesn't receive a third of the Indies, of which he is admiral, and if he is not considered admiral of the sea, he could not receive what is

14. Extract from a legal opinion, document 60/59 in the *Book of Privileges*, commissioned by Columbus, probably in the city of Granada, where he was in residence during 1501 and part of 1502. The author of the brief is not known.

15. In the mid-thirteenth century, Castile, Aragón, and Portugal all adopted their respective vernaculars as the language of law and government. Latin survived in the Iberian Peninsula only as the language of the church and of instruction in the universities. Attorneys with university licentiates or doctorates in law habitually laced their legal briefs with snatches of Latin. They quoted from Roman law and its medieval Italian commentators, which were highly respected as models of legal reasoning. The Latin phrases reminded the reader—presumably another attorney or judge—of legal principles that were the stock in trade of the law courts. The phrases were not intended as full citations. Our copyist abbreviated and omitted many words in transcribing these Latin phrases from the *Book of Privileges.*

acquired by sea because it would be outside his jurisdiction and office, so that this article and constitution would not be of any benefit.

Such a reading is not admissible, because every word written in a contract must be operative and should not be interpreted as superfluous. This is even more true in this case of such importance, benefit, and glory for Their Highnesses, acquired at very little cost and with no danger to their honor, persons, or property, but with the greatest danger to the admiral's life and much cost to him, as was commonly known.

For that reason alone the one-tenth would be a very paltry portion, not to mention the one-eighth, which belongs to him by virtue of his prorated share of the cost. What a small share it would be for such a great service, so tiny a favor that what the sacred laws say is very appropriate: *quia benefitia principum sunt latissime interpretanda.*

The favors granted by princes should be understood at their broadest and most encompassing, especially from most excellent and high princes such as Their Highnesses, from whom the broadest favors are expected more than from others.

Therefore, this one-third, although seeming minimal, belongs to the admiral. We see this in partnerships made between merchants in which the expertise and intelligence of one partner is held and reputed in such high esteem that as much share belongs to him as to another who invested money if, as a result

[PAGE 7]

of the former, a profit results, even though the money itself came from the latter.

Much more so in this case of the admiral, who has exercised admirable and incredible expertise at great cost and danger to his person and those of his brothers and staff. Because of this there is all the more reason for him to have one-third of all, as was truly the intention of Their Highnesses. To realize that this is the truth, we have only to note that Their Highnesses are giving five-sixths to those who are going to the Indies, and to those who receive less than five-sixths, four-sixths and the governance of land without any danger, the route having been opened, secured, and clarified to all.

As confirmation of what I say, as stipulated in many privileges of the admiral of the Indies, the admiral was ordered by Their Highnesses to acquire not cargo ships, nor vessels, nor anything from the sea, but specifically islands and continent, as it clearly says in the privilege's eleven pages. The privilege could more aptly be called a grant because at the top of the first page and beginning of the privilege it says: "and because you, Christopher Columbus, are going by our command to discover and acquire islands and continent, etc."

Well then, if the acquisition had to be islands and continent, then necessarily the one-third must be from the acquisition, and if the one-third is from the acquisition, then clearly one-third of the islands and continent acquired belong to the admiral. Undoubtedly we must believe that, if at the beginning the admiral had asked for a larger share, it would have been granted to him, since everything was his acquisition, and something that was completely unexpected, unknown, and beyond the fame and domain of Their Highnesses. Therefore, those who argued against this are refuted fully and clearly. One-third of the Indies and mainland justly and clearly seems to belong to the admiral.

Because the one-tenth is clearest in relation to the one-eighth, which is also very clear, but if anyone should say to the contrary that he should not have one-eighth of the merchandise and goods sent and brought on the ships that have gone to explore [South America] and those that went to the pearl beds[16] and other parts of his admiralty while he was on the island of La Española in service to Their Highnesses, saying that the admiral contributed nothing to their outfitting, it is answered that he was not notified of the departure of those ships, nor was he asked or advised about the time of the departure. Because of this, since according to law the ignorant may claim ignorance because of lack of time, without any doubt ignorance is a legitimate excuse and deserves full

[PAGE 8]

restitution. Thus it could be deduced and said in this case that the admiral could satisfy the requirements by contributing his share now. He cannot be found culpable, but rather those who have not notified him as they were obligated etc.".

Explanation of what does, can, and should belong to the admiral of the Indies by virtue of the agreement and treaty that he made with Their Highnesses, which is the title and right that the admiral and his descendants have to the islands and continent of the Ocean Sea, is this that follows.[17]

First Article

First, by the first article Their Highnesses made him their admiral of the islands and continent discovered and to be discovered in the Ocean Sea, with the privileges and in the same form as the admiral of the sea of Castile has and holds in the administration of his admiralty.

For the interpretation of this, it is to be noted that the admiral of Castile holds as his privilege one-third of what is acquired or that he might acquire at sea. For this reason, the admiral of the Indies ought to have one-third of them and of what is acquired on them.

Given that the admiral of Castile does not have one-third except whatever is acquired at sea, the admiral of the Indies should have one-third of all that is acquired on them.

The reason is because Their Highnesses ordered him to acquire islands and continent, and they specifically entitled him admiral of them, and from them he should be rewarded, as the person who is their admiral and acquired them at great risk against the predictions of everyone.

Second Article

With the second article Their Highnesses made him their viceroy and governor general of all these islands and continent, with the authority to nominate all the officers of government, except that Their Highnesses can appoint one out of the three [nominated by the admiral]; and later Their Highnesses granted him a new favor of these offices in the years 1492 and 1493 by a published privilege, without that condition.

The interpretation of this is that to the admiral belong these offices of viceroy and governor,

16. Here the admiral is referring to the portion of Venezuelan coastline that he had coasted during his third voyage (1498). In the Gulf of Paría he found oysters and encountered native people wearing strings of pearls. Columbus was not able to exploit the pearl beds; he was in a rush to get to La Española because the food provisions he had brought from Spain were spoiling. In 1499–1500, Peralonso Niño, while coasting south along the Venezuelan coast, bought and traded from the natives over 100 pounds of pearls, some of them as large as nuts. Direct exploitation of the oyster beds in the next few years created many Spanish millionaires and brought great profits to the monarchy.

17. This is a transcript of the entire text of one of the legal opinions commissioned by Columbus in Granada, document 59/60 in the *Book of Privileges*.

with authority to appoint all the officials in the offices and magistracies of the Indies, because Their Highnesses in reward and payment for the effort and expense that the admiral made in discovering and acquiring the Indies, granted him these offices and governance with this authority.

[PAGE 9]

It is very clear that at the beginning the admiral was not disposed, nor would anyone have been, to undertake such risk and venture, if Their Highnesses had not promised him offices and governance in reward and payment of such an enterprise.

Their Highnesses justly promised these to him, because it was with these that the admiral, rather than anyone else, did them such notable, advantageous, honorable, and lofty service.

Very little honor, or almost none, did the admiral receive, although he would have received payment if Their Highnesses had appointed someone superior to him in that land that he won at such great pains. For such just reasons was he provided them, that these offices and governance justly belong to the admiral.

And because now the admiral, while peacefully exercising these offices in the Indies in the service of Their Highnesses, was deprived of the possession of them unjustly and against all reason and law, without having been summoned, heard, or convicted, from which the admiral suffered very great harm and great dishonor to his person and diminution of his property. According to this article, clearly it seems unjust for the following reasons:

Since the admiral could not be deposed nor deprived of his offices because he never committed nor did anything against Their Highnesses, by what law should he lose his property? Even if there were allegations, God forbid, then first the admiral would have had to be cited, called, heard and convicted by law.

In deposing him without due process, the admiral suffered great injury and a great injustice was done to him, and even Their Highnesses could not do these by right.

Because Their Highnesses gave him these offices and governance of the land in satisfaction of the service and expense that the admiral gave in acquiring it, from this he got just return and perpetual title to these offices. Since he was unjustly deposed from them, the admiral, before anything else, should be reinstated in these offices and in his status and estate.

[PAGE 10]

As for the damages he has suffered, the admiral says they are very large, because with his expertise were found and discovered in the Indies much gold, pearls, spices and other things of great value. The admiral swears and declares the quantity of the profits, and by right he should receive satisfaction.

Satisfaction for this should be made to him by whoever unjustly dispossessed him of all his property, because he, according to divine and human law, is obliged to do it as the person who exceeded the limits of the power of Their Highnesses.

Satisfaction and restitution of these offices, possessions, and honors to the admiral should be made all the sooner in proportion to how unjust it was to have been dispossessed of them.

For it is absolutely incredible and not worthy of credence that Their Highnesses should consider it good that a man so expert, who from such a distant land came to do such notable and exalted service for Their Highnesses as he did with his expertise and person, service deserving a most gratifying reward, should be destroyed at every turn because of envy and malice, when by reason he should be so joined in love with Their Highnesses and so established in their magnanimous affections that the admiral and the whole world would believe that no detractors could make him a stranger to meriting great favors, much less to inflame the heart[s] of Their Highnesses so as to make him lose what he so deservedly and meritoriously possessed. Consequently, the admiral always expected to serve and did serve Their Highnesses, procuring with his ingenuity the present profit of the Indies and governing with his offices for their settlement and increase.

Which is something that no one else would or will do, because, apart from having forsaken it all if he had not governed in the distant past, those who now govern with cupidity in order to take advantage during their term will not provide for the future as the admiral would. He, who has a perpetual annuity from it, has ruled well and preserved the Indians, which are the wealth of that land, and reformed and subdued its lordship, all without regard for present [reward] in expectation of honor and profit in the future.

Third Article

With the third article Their Highnesses granted him one-tenth of all that is bought, found, and acquired within the borders of the admiralty, after deducting expenses.

[PAGE 11]

This is understood in such a way that the admiral is to have one-tenth of what is acquired and found in all the Indies and continent of the Ocean Sea by any persons, whether for the profit of Their Highnesses or any other persons to whom they have made a grant for any or all of it, deducting the expenses that these persons or Their Highnesses have paid in it.

And Their Highnesses cannot legally in prejudice to this one-tenth, make a grant of all or any part of the profit from the Indies to any person, without first having to pay and paying one-tenth of the whole to the admiral.

Their Highnesses, in making such grants, abrogate or discredit the one they already made to the admiral, leaving his just reward badly diminished or dismembered.

Because the grant of this one-tenth was made to the admiral prior to the first discovery of the Indies, and it was given and conferred to help reward and compensate as such service merited, the one-tenth is therefore the principal source of his net profit.

Even if Their Highnesses by agreement, stipulation, or any other manner were to give one-half or any other share to any persons who were disposed to the work and cost of such profit, the admiral would also possess one-tenth of the results before the share of such persons were deducted, just like the principal of Their Highnesses, because the one and the other is the true, principal gain and result of the Indies of his admiralty.

Fourth Article

By the fourth article Their Highnesses conceded to the admiral civil and criminal jurisdiction in any lawsuits pertaining to the Indies. He can preside over them here in the regions and places comprised by the jurisdiction of the admiral of Castile, it being just.

To interpret the jurisdiction that the admiral has, he says that this is his judicature, because it is one of the principal privileges and practically an arm of the body of his status as admiral, without which this admiralty could be ruled only with great difficulty. In fact, it would remain sterile, because this judicature is the principal force that honors, animates, and sustains all the other parts of the body of this admiralty.

Such cognizance belongs to him in the ports and bays here, as well as on the specific islands and continent where he is the admiral. If he were to have this judicature only there without including the cases emanating

[PAGE 12]

from here, then his jurisdiction would be almost nothing, because the parties are citizens of this land, and all of the trade and business come from it. Those who go to the Indies go only to engage in commerce, and the legatees and contracts of the companies that engender the lawsuits on their return remain here, [even when such lawsuits][18] proceed from business and commerce that took place within his admiralty.

The other, that, although this article did not have to expressly make mention of this judicature at the moment that Their Highnesses established this office of admiralty and made a grant of it to the admiral with the same privileges as the admiralty of Castile, together with this admiralty they granted him this judicature with its comprehensiveness, because the admiral of Castile has as principal pre-eminence of his admiralty the judicature of all civil and criminal lawsuits that occur in it, which includes all the ports and bays of this land, even if they are outside his admiralty.

As regards whether it was conferred justly, the admiral says that Their Highnesses, as monarchs and sovereign lords having absolute power in everything, justly could confer it on him, to whom alone belonged this appointment.

And Their Highnesses, in conferring this office on the admiral with this comprehensiveness, did no injustice to anyone, nor involved their interest, because this admiralty, its judicature, and the islands and lands where it is instituted, are new and miraculously found, joined with, and brought to the dominion of Castile.

The other, that the lawsuits emanating from this admiralty because of the great distance and separation of the land where it is instituted, and being so far from the confluence of tides of this land, they must be very separate, divided, and distant from suits touching here, and by separating and dividing the cognizance from these no harm follows to any jurisdiction.

And Their Highnesses having conferred justly without harm to anyone and with sovereign power, it is very clear that such a conferral involves no injustice, because two adversaries naturally cannot rule one subject, rather they avoid and distance themselves from each other so that by understanding one we come to know the quality of the other: from which it is concluded that this conferral is just.

And also from the character of the admiral does this appointment proceed justly, because the quality of these Indies being unforeseen and unknown to everyone, of necessity there had to be appointed here a judge of certain experience in order to administer their justice. Well, who could have experienced them more, or possessed more accurate knowledge of the quality of their lawsuits, than the admiral who has lived on them continuously and miraculously, with his great acumen and knowledge of the sea, running great risks, delivered them from the sea itself?

18. The words in brackets are missing from the JCB manuscript.

[PAGE 13]

Fifth Article

With the fifth article Their Highnesses concede to the admiral the power to contribute one-eighth of any outfitting that is done for trade and business in the islands and continent of his admiralty, and also to receive one-eighth of what may result from this outfitting.

The true interpretation of this is that the admiral must have one-eighth of any goods that in any way are obtained in the Indies, whether by Their Highnesses' officials or by any other persons, deducting his pro-rated one-eighth of the cost.

Because in the first fleet from which the Indies resulted, that is, the profit that proceeds from them, the admiral contributed his one-eighth, and even up to one-half, of the cost; from which he acquired perpetual title to this one-eighth, the result of that outfitting being eternal.

The other, which is an immutable thing, is that at the beginning he obviously went to acquire islands and mainland. This cannot be expected to bring a profit, if one-eighth of what is movable from there is not understood as the true result and purpose of such an outfitting.

And although the admiral did not bring back movables from the Indies, the result and profit from the first outfitting was that he placed these islands and mainland under the power of Their Highnesses as their own, which likewise is understood to have empowered and given to Their Highnesses all the movables that at that and any other time may be obtained from them; for from then on Their Highnesses could send whoever they might wish for all of it, as for their own property, without contradiction.

Another reason is that, because he contributed to the first fleet, the admiral did not acquire a perpetual right to this one-eighth. Because Their Highnesses necessarily must outfit in order to employ the fleets of the Indies, they cannot legally prohibit him from contributing to the cost of these fleets and taking one-eighth of the product. And because the fleets must be continuous, so the profits of the Indies are perpetual, of which one-eighth belong to him perpetually.

And although it is said that only one-eighth of the net profits on merchandise belongs to him, because as it states in the article about trade and business, that is understood to mean "merchandise," the truth is that generally one-eighth of all the movable goods from the Indies belongs to the admiral, because these words "trade," "business" include all types of goods that are had in any way and time.

For the word "trade" is the "astuteness" or "diligence" that is employed to accomplish the purpose of business, and finally "dealings" or "relationship" that the admiral was to have with the possessors of the Indies

[PAGE 14]

who were going to profit by accomplishing his purpose, which was to acquire them. And because he did acquire them, what results from them is what justly should be divided as the true result of such business.

And this other word "business" derives from "business" which means "not idle," *quia negotium est quasi nega otium*, so that its interpretation is general for any sort of thing; and by it is comprised any sort of movable thing that may be found in the Indies.

And because this word was not an error and had a clear meaning of merchandise, because the admiral gained the Indies and continent, especially La Española, more by gifts of merchandise than by force of arms, these Indies and all the things in them justly can be called marketable, and from that "merchandise," because from "to market" is derived the word "merchandise."

The other, that, even if the admiral had had to acquire the Indies by force of arms after Their Highnesses expressly had sent him to trade, he still would not have lost his one-eighth from them because of this, because the movables that may be found in them, such as gold, pearls, spices, and other things, pure and principally are merchandise; for any movable good that can be bought (except that which is consecrated), must be called "merchandise," according to the laws that say "*quod omnia sunt in commertio nostro.*"

Also, that however the objective of the outfitting had to be achieved, which was the gaining of the Indies, one-eighth belonged to the admiral, because the profits of the sea and its cases are diverse, accidental, unpredictable, and unexpected. Thus, whatever remains from them to be divided is just as likely to have been carved out by force as untied by art. This is the common way of all outfitters, of which there are countless examples.

For it is very clear, if some merchants outfit as partners only for the trade of merchandise and happen to agree with the owner that he can contribute some part of the outfitting because he also must have a share of the results, that, if beyond merchandise some city, cash, or enemy ship should be won, then part of the profit belongs to him also, as he by right had to have from the merchandise, because although it was gained apart from merchandise it obviously had to be the result of the outfitting.

And if by chance an agent of another company doing business in some kingdom becomes a great favorite of the king of that land, serving him with loans or by selling him merchandise at a lower price,

[PAGE 15]

and the company should be disbanded afterwards, and that king in consideration of the friendship should grant him something, he is obligated to divide it completely with his partners as a true profit acquired as a result of the partnership, although a long time may have passed since it was dissolved, because everywhere it is thus adjudicated and thus stipulate the laws of these kingdoms of Your Highnesses.

And in Portugal recently something similar happened to a Florentine, the agent of a large Florentine company that, for having served the king of that land very well with loans and other things from his merchandise, was required to give his partners a share of a grant that the king gave him in consideration of his friendship with him personally, after the accounts were balanced and the partnership dissolved, as a true result emanating from it.

And even that ship owner Lercar, to whom Their Highnesses gave a grant in consideration of the service he performed in transporting the archduchess and in partial satisfaction of the carrack that he lost on the banks, was required by the court in Genoa to give a share to his partners as a legitimate return, and all that was left for him was what belonged to him as owner of a share.[19]

Take the case of a son who is given a gift by some great friend of his father's. Even though all other presents are considered the son's private property, this should be considered part of his

19. The writer is referring to the fleet that transported Princess Juana to the Netherlands as the bride of Philip, duke of Burgundy. The fleet sailed from Laredo on August 22, 1496. By the time this legal opinion was written, Juana's rank was archduchess, because Philip had succeeded his father Maximilian of Habsburg as archduke of Austria.

parental inheritance because the outcome proceeds from the father; and many other things occur constantly that would support this point.

But leaving this aside, it is sufficient that from all this it is deduced that to the admiral belongs one-third of the Indies and mainland in addition to the one-eighth and one-tenth of all the movable goods in them and within his admiralty that are found at any time, by any persons, and in any way as a legitimate result of his first fleet, even though he may not have contributed to the others. On this matter enough has been said in another document.[20]

It remains to be said that Their Highnesses granted to the admiral all these offices just as the admiral of the sea of Castile holds them; he could appoint the sheriffs and clerks or order them to serve in his name. Since this is so, he also could delegate them and keep the revenues, just as a knight does to whom Their Highnesses may have granted a position or an office. This is seen in a great many cases in Castile in which they take the revenues and make a staff member do the job, or subcontract it to someone and give him a specific share of the revenue. So he begs Their Highnesses to give him relief and let him use his offices and receive the benefit, for thus was it by agreement and favor.

[PAGE 16]

[*archivist's description, in nineteenth-century hand*]
Sir Christopher Columbus, having discovered the islands of Tierra Firme in the Ocean Sea, is given various grants, of which this is an unnotarized copy. In it are found the offices of admiral and viceroy of what was and would be discovered, with other rights that are here stipulated in more detail.

Extraordinary document number

The admiral's capitulation
50 [crossed out]
lv
xxviii

20. The writer is referring to the legal opinion explicating the royal decree issued at Medina del Campo on June 22, 1497. See note 5 above.

Design / Diseño

MARK ARGETSINGER, ROCHESTER, NEW YORK, U.S.A.

Composition / Composición

MICHAEL & WINIFRED BIXLER, SKANEATELES, NEW YORK, U.S.A.

Photography / Fotografía

THE STINEHOUR PRESS, LUNENBURG, VERMONT, U.S.A.

Printing & Binding / Impresión & Encuadernación

CARVAJAL S.A., CALI, COLOMBIA

Traducción al Español / Spanish Translation

ELVIRA DE MARTIN